PLAY CONGAS NOW
THE BASICS & BEYOND
BY
RICHIE GAJATE-GARCIA

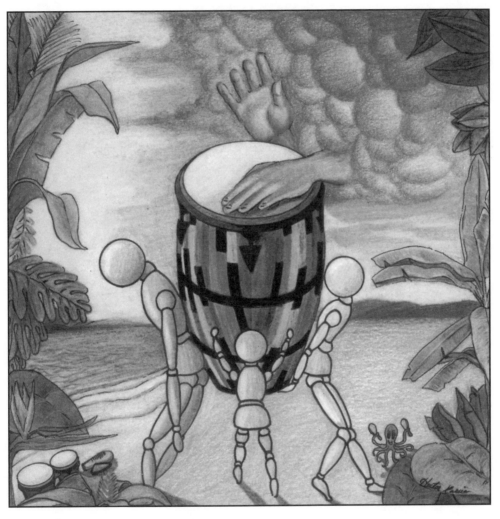

HAND POSITIONS

RHYTHM READING

GETTING THE SOUNDS

TUNING & MAINTENANCE

JAZZ BAND APPLICATIONS

LATIN, POP, FUNK & ROCK STYLES

COMBINED CONGA/DRUM SET PATTERNS

CD INCLUDES ALL EXAMPLES & PLAY-ALONG

Play Congas Now
The Basics & Beyond
by
Richie Gajate-Garcia

❖

Project Coordinators:
Ray Brych and Ed Uribe

❖

Design and Layout, Image Editing, Music Engraving:
Dancing Planet MediaWorks™

❖

Cover Illustration:
Hector Garcia

❖

All Percussion Audio Examples Played by:
Richie Garcia

❖

Audio Recording:
Guillermo Guzman, Gajate Land Studio, Granada Hills, CA

❖

Audio Mixing and Editing:
Russ Miller, RMI Music Productions, Chatsworth, CA

❖

Audio Editing and Mastering:
Ed Uribe, Dancing Planet MediaWorks™, Cresskill, NJ

❖

Photos Courtesy of:
**William Rasdell (historical photos),
Mary Ezquerro-Garcia (playing positions),
Martin Cohen (LP product photos)**

❖

Spanish Translation:
**Richie Gajate-Garcia
Jose L. Santana, Sr.
Rosa Santana**

❖

Additional Editing:
Ed Uribe

Dedication and Acknowledgments

This book is dedicated to my father, Doel R. Garcia, who was my first influence in conga drumming. God Bless, I love you.

To my immediate family: my wife Mary and sons Tristan, Roland, and Devin. God Bless you all. I Love You.

To my mother Savelia and brothers Doel Jr., Javier, Perry, and my Gajate family.

A special thanks to my percussion professor Mr. James Dutton and Frances Dutton from The American Conservatory of Music in Chicago for their inspiration, dedication, and support in the development of my professional career in percussion.

A special thanks to Mr. Raul Artiles for his friendship and constant support throughout the years and for helping make this book a reality. Con mucho aprecio, gracias.

To Ray Brych, Dave Hakim, and Mike Finkelstein for their support throughout the process of getting this book together. Thank you for your patience.

To Russ Miller, thanks for being available and for your experience in helping me get my book together, and for your audio mixing and drum set playing.

To Giovanni Hidalgo, for your support, comments, and especially your musical inspiration throughout the years.

To Mr. and Mrs. Smith and family and my "bro" Hal Smith for all of your love and support throughout the years.

To Hector Garcia, thanks for your masterpiece drawing for my CD and book cover.

To Martin Cohen and Latin Percussion, Steve Nigohosian, and Marsha Stevenson, thanks for providing me with some great pictures and the best gear in the world.

To my "Mambo Brother" and partner, Guillermo Guzman, thanks for all of your time, great bass playing, and dedication to this project.

To Alex Acuña for your musical inspiration during our gigs with our group The Unknown and especially for your brotherhood in the Lord.

To Luis Conte for his support and brotherhood on and off the road.

Last, but not least, to all the companies that have supported me over the years: L.P., Sabian, Remo, Gibraltar, Vater, Audix, Beatboy, Rhythms, Danmar, D.W., Drumstick Collection (Sweden), and Warner Bros. Publications.

God bless you all.

This photo shows Richie's father with his band in San Francisco in the 1940s.
Richie's father, Doel, is the conguero to the left of the bongocero, behind the piano player.

Contents

Audio CD Index

CD 1

CD 2

About the Author

Richie Gajate-Garcia is a Puerto Rican born in New York City but raised on the island of Puerto Rico from the age of seven. There his love for music began. He was constantly exposed to all the local music of the small conjuntos and orquestas and everyday music of all kinds, professional and amateur, that was found on the island. All of this was thanks to his father Doel R. Garcia who at one time played in the San Francisco Bay area and later played with Xavier Cugat in the late '40s. Richie's dad was a very good friend with Tito Rodriguez, Tito Puente, Santitos Colon, and many of the great band musicians of Puerto Rico.

As the years went by, his love for percussion and drums began growing, and so he began studying with local teachers like Monchito Muñoz and Chony Porrata. He continued on to Springfield College in Illinois under Fred Greenwald and then on to the American Conservatory of Music in Chicago where he achieved a bachelor's degree in music education. Since then, Richie has played and recorded in all styles and genres and has toured the world as a drummer or percussionist for many major acts.

Richie also taught at the Musicians Institute in Hollywood, California, for some ten years.

Richie is also one of the top clinicians worldwide with 450 clinics to his credit for Latin Percussion and Sabian Cymbals, Vater Drum Sticks, rhythms, DW Drums, Audix Microphones, Gibraltar, Remo, and Shaker Man.

Richie also has two instructional videos for LP, *Adventure in Rhythm,* Volumes 1 and 2 (available at your local music store), on beginning conga, timbales, bongo, guiro, maracas, hand bell, and multiple independence.

Richie has also completed his own solo project (available by e-mail to: richiegajate@aol.com).

Richie also has two CD sampling disks distributed by Beat Boy (available at www. beatboy.com).

Richie has also designed with several different companies the Gajate Bracket, the Salsero Ride, the Sabian Cascara, the Sabian El Rayo, and the Multitone Mallets for Vater.

Currently Richie is on the road with Phil Collins performing the music of Tarzan in addition to recording, playing, and teaching in Los Angeles.

Richie on stage with the Phil Collins "Tarzan" tour.

Introduction

This book is for the beginner to intermediate level player with some advanced techniques and exercises. After traveling the world doing clinics, performing with varied types of groups, attending seminars, and listening and sharing with different musicians from many cultures, I have seen how the love for hand drumming (in this case, the conga drum) has become very popular throughout the world.

People of all backgrounds are finding and feeling the joy, fun, and sharing that comes from playing "la conga" and have found that with a little technique they can play without having to become professional.

This book will provide the beginning techniques necessary for both students and future professionals alike. How far you go is up to you.

As with any instrument, I always recommend that you check out different players, and also listen to the style of music in which this instrument is predominantly used, in order to get an understanding of the world in which this instrument is found.

Luis Conte, Richie, and Chester Thompson on stage with the Phil Collins "Tarzan" tour during a performance at the 2000 Super Bowl halftime show.

A Brief History

The conga drum is an instrument whose origin is from West Africa. This drum was made from tree trunks with the skin of an animal stretched over the top and attached with wooden pegs, rope, or both together. When the African slaves where brought to the New World, they carried with them their knowledge of drums and, depending on the tribe and region they were from, so followed their religious and musical culture—both of which were often intertwined.

The slaves who came to the Caribbean came from several tribes, the Yoruba, the Abacuá, the Dahomean, Congolese, and Yoruba. These tribes brought the knowledge of the abacuá drum, the shekeré, the batas, and the conga, to name but a few. (See Figures 1 and 2 on next page.)

The shape of the conga we see today originated in Cuba. The early drums were made of wood and were quite long. They were light in weight and were carried on the shoulder with a strap and had a head that was tacked on. The pitch was achieved by heating the head over a flame or other source of heat. The drum was generally played in a standing and/or marching position with the drum hanging from the player's shoulder. The conga and comparsa drummers of the Cuban Carnaval still play this way.

Through the years, the conga has gotten heavier with the addition of metal hardware and is played on

Figure 1: The Shekeré

Figure 3: Today's Conga Drums

the floor or on a steel stand. The head now is tunable by tuning mechanisms that are attached to each drum. The drum also comes in several colors, sizes, and shapes and is available in wood or fiberglass. (See Figure 3 below.)

The conga drum has had many great representatives in the playing world. Following is a list of some of those great players past and present.

Chano Pozo, John Santos, Candido, Raul Rekow, Armando Peraza, Jesus Diaz, Ray Barretto, Michael Spiro, Mongo, Santamaria, Karl Perazzo, Francisco

Figure 2: The Bata Drums

Aguabella, Walfredo Reyes Sr., Tata Guines, Giovanni Hidalgo, Changuito, Luis Conte,

Michito Sanchez, Anga, Alex Acuña, Martin Quiñones, Mark Quiñones, Richie Flores, Poncho Sanchez, Papo Rodriguez, Little Johnny, Patato, Bobby Allende, and many, many others—too many to mention but all great in their own way.

Photo Courtesy of William Rasdell

Notation Key

Following is the key to the sounds that will be used throughout the book. In order to facilitate memorization of the notation used to indicate different stroke types, I have assigned each stroke type a letter. Memorize what this letter represents and how to play the strokes.

The conga (high drum) and tumba (low drum) are written on a two-line staff with the conga on the top line and the tumba on the bottom.

The following terms represent the various stroke types and sounds:

> **O = Open Tone**
>
> **M = Muffled Tone**
>
> **B = Bass Tone**
>
> **HF = Heel-Fingers Motion**
>
> **S = Slap**

All other notation elements and symbols are explained when they appear with a music example.

Photo Courtesy of William Rasdell

Conga Sizes

Of the three main conga sizes, quinto (small drum), conga (medium drum), and tumbadora (large drum), I suggest you begin with the conga size. This drum covers best the range of pitches that you would need for just about any type of playing situation.

Conga (medium drum)

Tumbadora (large drum)

Quinto (small drum)

Tuning

First, tune your conga drum. Most conga drums use ½" bolts that you would tune with a provided wrench. Any wrench that can adjust to the size of the bolt will also do.

Take the wrench and begin turning the bolts in an even manner around the drum. Count how many turns of each bolt so that the head of the drum is evenly tuned. A common pitch would be middle C. Once you have gone around the drum a few times, make a fist and strike the drum hard in the center; you

will probably hear a snapping sound. This is the head stretching. Once you have done this, torque the head again and repeat the

process until the desired pitch is reached. Repeat the process for each drum. Remember that animal skin heads (as in calfskin, see Figure 1) are very susceptible to weather changes, so I recommend that you loosen your heads after each use—especially your highest-pitch drum. By doing this you will keep your hardware in good shape, and your drum will not lose its shape. Plastic heads (Figure 2) are also available today. If you use them, you do not have to go through

the process previously mentioned and you can leave them tuned, if you like, since they don't put as much pressure on the hardware as the animal skin heads do. However, I do still recommend loosening them since they are glued and can give easily if they are in a hot environment. If you have more than one drum, let's say a tumba, tune it to a 4th below (or a "g" note). This interval is like the first two notes on the song, "Here Comes the Bride." This interval is commonly used in a salsa-style setting. If you have a third drum, tune it either right between the conga and tumba, to B-flat, or tune it lower than the tumba, to an F below middle C.

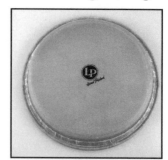

Figure 1: Calfskin Head

Tuning is personal; players like to try different pitches. Also, when you are recording, a particular track might even require that you re-tune your drum to match the key of the song or to avoid a clash with another instrument on the track or with the melody or vocals.

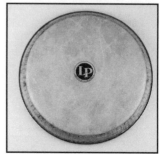

Figure 2: Plastic Head

Playing Positions: Sitting and Standing

Let's learn how to sit at the conga. The conga drum is held between your legs with your feet cupping the drum a little. Your heels should be pressed against the shell at the base of the drum so you can lift the drum with your heels a little off the ground in order to get a full bass tone. Remember that your legs go around a single drum, not the pair. This single drum you "hold" is usually the highest pitched of the pair and the main drum where the patterns are played. The second drum is

placed on either side. If you are

right-handed, the drum goes to your right, and if you are left-handed, the second drum goes to your left.

If you are using three drums, then they go on either side of you. Which size goes on which side is determined by a combination of whether you are right- or left-handed, your musical preference, and perhaps even the style of music you are playing. Some players switch drums from side to side for different styles.

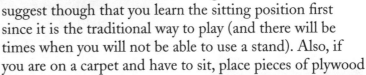

If you prefer not to sit, a conga stand can be used. I suggest though that you learn the sitting position first since it is the traditional way to play (and there will be times when you will not be able to use a stand). Also, if you are on a carpet and have to sit, place pieces of plywood under the drums. This way the carpet will not muffle the sound of the conga and you will be able to project more sound.

Let's Get Started

Following are the exercises that will take you on your way to becoming a well-rounded conga player. Practice slowly. What is important at this time is the accuracy of the sound and not the speed. Later you can speed up as you become more accurate in the execution of the sounds and patterns.

I recommend that you use a metronome to help you keep a steady pulse. Using a metronome will also help you in developing your speed.

In some of the exercises you will find the clave notated. This is to remind you to be aware of the clave even if no one is playing the actual instrument. The more you become aware of the clave's presence, the more natural your groove will sound.

Photo Courtesy of William Rasdell

Your Hands

Before you begin playing, take a look at your hands. To play any physical instrument, your body has to move in a certain way in order to execute a particular sound. Therefore, in conga drumming, you use your wrists, forearms, arms, and shoulders with the support of your back for power. So, take a moment in front of a mirror without the drum. Sit or stand and raise your forearm at a 45-degree angle and let your wrist drop. Put your hands in the open tone position and just swing your wrist up and down. You must develop this movement. For a little more power, leave your wrist sturdy and move your forearm up and down. For more power, move your whole arm up and down. Remember not to exaggerate too much; the purpose of this exercise is to teach you to see the movements. The motion is like that of a whip in a relaxed manner. If you stiffen up too much, you will end up hurting yourself, so the idea is to relax. The harder or faster you go, the more relaxed your approach should become.

Once you begin to incorporate the sounds on the drum, try to visualize how your wrists and arms were moving when you were in front of the mirror.

Also, I would like to mention that it is a good idea to use a good hand lotion before and after to keep your hands moist and flexible since playing congas beats the moisture out of your hands, causing the skin to crack. If you do get a cut or crack, just use a cloth bandage or athletic tape to cover it, and continue playing. This way it will not continue to split and will heal in a day or so.

All conga players commonly do this.

The Sounds

Following are the fundamental and key sounds (tones) you must develop in order to play the conga drums.

- **The Open Tone**
- **The Closed Slap**
- **The Open Slap**
- **The Heel-Fingers Motion**
- **The Bass Tone**
- **The Muffled Tone**

Understand that many other sounds can be made on the conga drum, but in order to avoid confusion, I have stayed with the most common. As you begin to get into the hand technique, you will be adding the other sounds gradually. Remember to practice slowly. You should concentrate on the execution and sound, not on speed, at this time.

At the beginning, the hardest thing will be to remember your conga holding position and your hand position. However, do not fret. With practice, it will become second nature.

Let's now look at each sound and how they are done.

The Open Tone

This is the natural open sound of the drum. It is played with either hand. Turn your hand over, palm-up, and look at the area right below where your knuckles would be. That area is where you should feel the attack. When you strike the drum, make sure you come off the head as soon as you strike in order to allow the head to vibrate. If you leave your hand on the head as you strike, the sound of the drum will cancel itself. 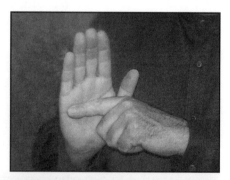 Practice alternating open-tone strokes until you can consistently play the sound.

The Muted Slap

This sound is also made with either hand. It is a dry, solid sound. This sound is played by putting your left hand on the head in order to stop the vibration. Then, with your right hand, strike the conga toward the edge. Your hand should be cupped slightly. This way the air has an opening from which to escape. The attack or burn should be felt toward the tips of your fingers, not toward the middle of your hand, as it is supposed to be felt for the open tone. Then reverse the hands. Mute with your right and slap with your left.

The Open Slap

The open slap is a high-pitched ringing sound used by all conga players to play accents and fills in combination with all of the other conga sounds. This high sound projects very well and is clearly heard. In order to make this sound, the hand is in the same position as the muted slap, but the attack is toward the center of the drum. This gives the player a wider ringing sound. This sound is also felt toward the tip of your fingers.

The Heel-Fingers Motion

The heel-fingers motion is used for several different purposes. First, it is done using both hands, which is one of the ways the conga player does his rolls.

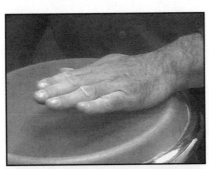

Second, when played by the left hand, it provides the eighth-note feel that is present in most conga patterns.

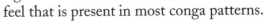

When you play a specific conga pattern such as a mambo, the left hand plays the heel-fingers motion and the right hand plays the slaps and open tones. This provides the "movement" that is heard. It is important to know that you should not force your hand to make this movement. It will loosen up gradually.

Remember to try to feel the weight of your hand on the drum. Make sure that it is flat 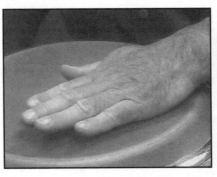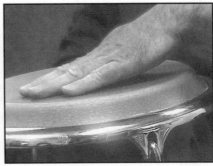 on the surface of the head. Strike with your full palm, and as you go up tap with all of your fingers.

The Bass Tone

The bass tone is the lowest pitch on the conga drums. It is played with either hand by striking the drum in the center of the head with the entire palm of the hand. As you strike the  drum, come up off the head and allow it to vibrate. This sound is easily produced if the  conga drum is on a stand. If you are playing in a sitting position with the drum on the floor, you need to lift up the drum slightly with your heels in order to project more sound from the bottom of the drum.

The Muffled Tone

The muffled tone is done with either hand. It is done by pressing your fingers against the head toward the edge of the drum. This sound is part of the vocabulary of conga drumming. It adds an improvisational color to the particular pattern being played.

Basic Notation

In this section you will begin to learn the notes and their values. You will be studying only the note values used in the exercises in this book. I do suggest that you find an easy snare drum book to practice from in order to expand your reading further. Reading rhythm is like learning simple math; once you know what the values are, you are able to perform the function.

Before you look at the notes, observe a few things. The group of five horizontal lines where the notes are placed is called a staff (Ex. 1). In the staff are boxes, which are called measures or bars (Ex. 2). The more notes you have in a particular time signature, the more bars will be added to accommodate the patterns being played.

On this page there are three staffs containing two bars each, which are divided by the bar line. Every staff begins with several notations. First, the clef sign tells you what instruments the music is written for, like the piano, bass, drums, sax, or voice, and so on. The piano has a double staff that contains the treble and bass clef signs (Ex. 2 and 3) to indicate the high and low section of the keyboard to be played. Percussion and many other instruments use only one staff with the appropriate markings. Percussion may use the percussion clef sign (Ex. 4). It is also very common to see the bass clef used for percussion, as well as many other instruments. The choice of clef is dictated by whether the percussion is pitched or not.

Other indications are the time signature (Ex. 5); key signature (not included here), in which a melodic instrument is to be played; and dynamic markings (soft, medium, loud) that would be required for a particular piece.

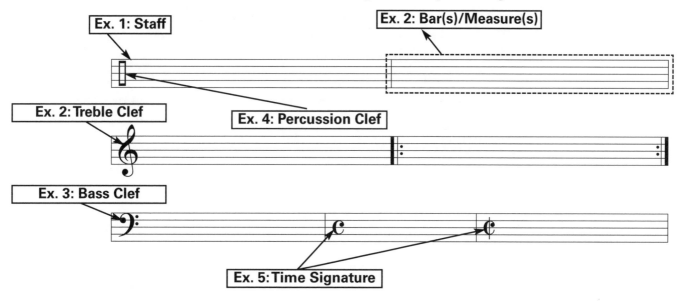

The time signatures 4/4, 5/8, or 7/8 indicate two things: 1. the top number indicates how many beats in one bar and 2. the bottom number indicates which type of note will get one of the counts. In 4/4 the top number indicates four beats in each bar, the bottom number indicates that the quarter notes get one count each, "1 2 3 4." In 5/8 the top number indicates five beats in each measure. The bottom number indicates that the eighth note gets one count, "1 2 3 4 5." In 7/8 the top number indicates seven beats in each bar. The bottom number indicates that the eighth note gets one count, "1 2 3 4 5 6 7."

In Latin music it is very common to see music written in 4/4 (often abbreviated with the **C** symbol, Ex. 6) but played in what is known as cut time (often abbreviated with the **₵** symbol, Ex. 7). Cut time indicates that the counting will be twice as fast and that the pulse of the music is "in two" rather than "in four."

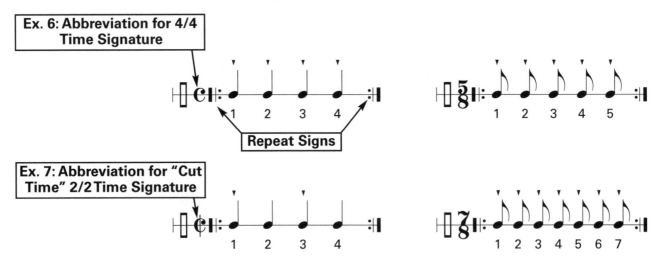

Ex. 6: Abbreviation for 4/4 Time Signature

Repeat Signs

Ex. 7: Abbreviation for "Cut Time" 2/2 Time Signature

There are also two double bar lines with two dots (called repeat signs), which indicate that the material contained within them is to be repeated—either once or a specified number of times if indicated (Ex. 6).

Please note that the following mark, ᵛ, above a note indicates where you count (and often feel) the beat. For example, Ex. 6 is in common or 4/4 time, which means the quarter note marks one beat; hence there are four markings above the four quarter notes.

Note and Rest Values

Following are the groups of notes and rests that you'll be working with in the following exercises and that you'll encounter most often in reading parts and rhythms for the conga drums.

1. Quarter Notes and Rests

2. Eighth Notes and Rests

3. Sixteenth Notes and Rests

4. Eighth and Two Sixteenths

5. Two Sixteenths and One Eighth

6. Dotted Eighth and One Sixteenth

7. Eighth-Note Triplet

Basic Reading Exercises

Following are some basic reading exercises. Practice each exercise slowly at first and gradually increase the tempo as you gain more facility. Use a metronome with a tempo of ♩ = 60 to start.

Note: Do all exercises with the **open tone and alternating the strokes R-L-R-L.** (Once you have this under control, you can do the same exercises using the other tones and stroke types.)

1. Quarter Notes and Rests

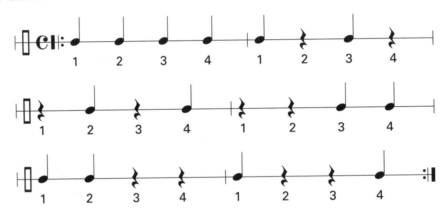

2. Eighth Notes and Rests

3. Quarter- and Eighth-Note Rests and Eighth Notes
Note: one quarter rest = two eighth-note rests

4. Sixteenth Notes and Rests
Note: one quarter rest = four sixteenth-note rests

5. One Eighth Note and Two Sixteenths Combination

6. Two Sixteenths and One Eighth-Note Combination

7. Dotted Eighth Note and One Sixteenth Combination

8. Triplets

9. Combining Quarter, Eighth, and Sixteenth Notes and Rests

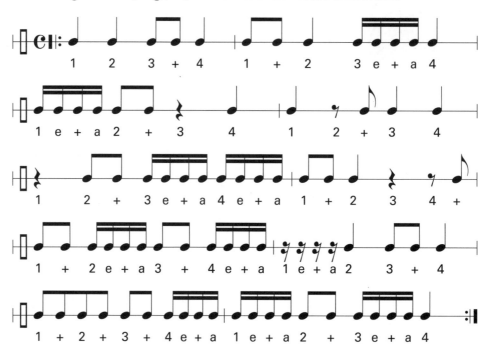

10. Combining Quarter, Eighth, and Sixteenth Notes with the One Eighth-Two Sixteenth Combination

11. Adding the Two Sixteenth-One Eighth Combination

1 e + 2 e + 3 e + 4 e +   1 + e 2 + a 3 + e 4 + e

1   2   + 3 e + a 4 +   1 + 2 + 3 + 4

1 e + a 2 e + 3 + 4 e +   1   2   3 + 4 +

1 + 2 + 3 e + 4 +   1 + e 2 e + a 3 + 4 +

1   2   3 + 4 e +   1 + 2   3   4

12. Adding the Dotted Eighth-One Sixteenth Combination

1   a 2   a 3   a 4   a 1   2   a 3   a 4 +

1   a 2 + a 3 + 4 e +   1 e + a 2   a 3 + 4 e +

1 + 2   3 e + 4 + e 1 e + a 2 + 3   4   a

1   a 2 + 3 e + 4 + e 1   2   3   a 4 e +

1 + 2 e + 3 a 4 +   1 e + a 2 e + a 3   a 4

13. Adding Triplets and Triplet Rests

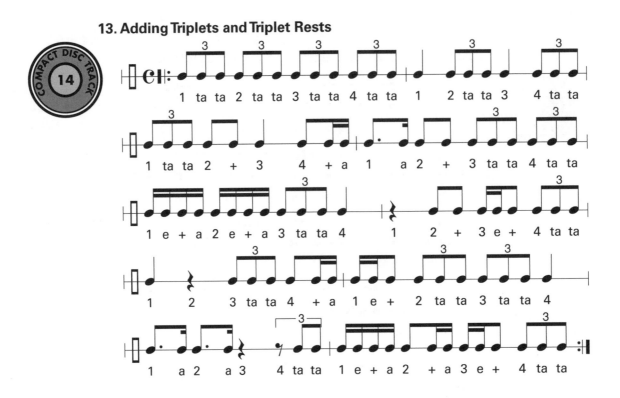

14. 6/8, 5/8, and 7/8 Time Signatures with Various Note Combinations

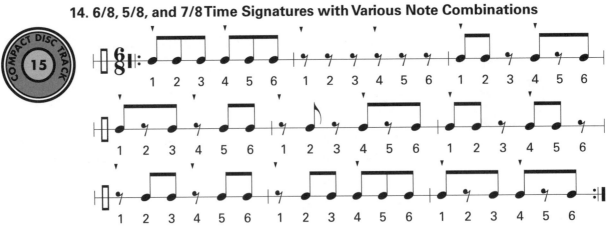

15. 6/8, 5/8, and 7/8 Time Signatures with Various Note Combinations

16. 6/8, 5/8, and 7/8 Time Signatures with Various Note Combinations

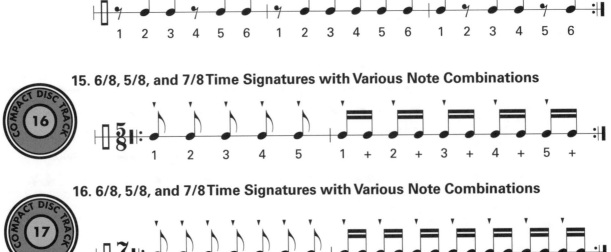

Sound Developing Exercises

Open Tones

Practice the exercises slowly at first and gradually increase your speed as you become more comfortable with them. The tempo range is ♩ = 70–132. The photo at left is to remind you of the correct hand position for the open tone.

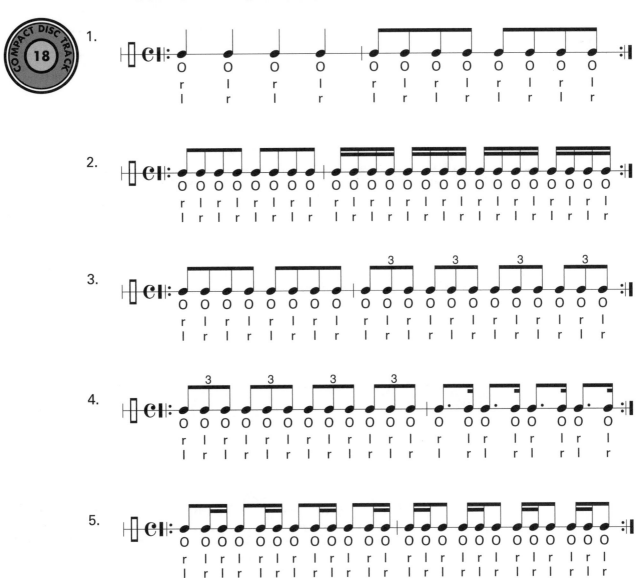

Sound Developing Exercises (continued)

Muted Slaps

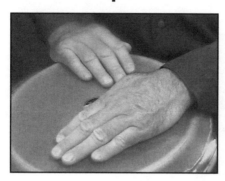

Practice the exercises slowly at first and gradually increase your speed as you become more comfortable with them. The tempo range is ♩ = 70–132. The photo at left is to remind you of the correct hand position for the muted slap. As the tempo increases, the hand muting the head remains closer to its playing positions. In other words, both hands stay in pretty much the same place. In the photo at left, the left hand would be in the same position as the right but muting the head.

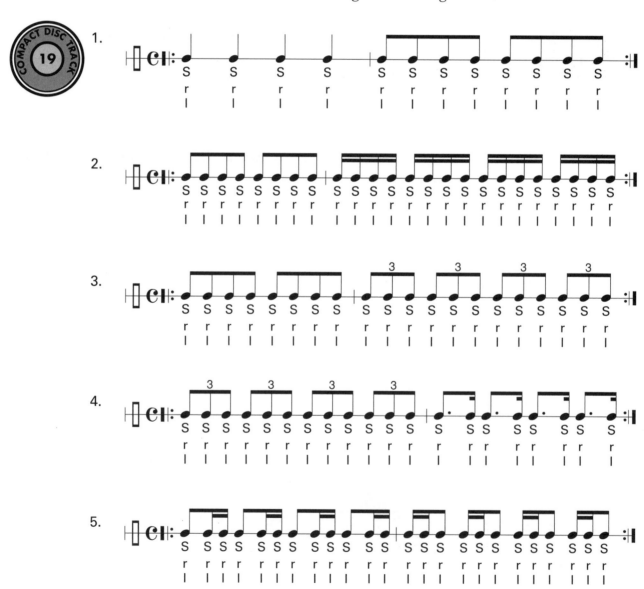

Sound Developing Exercises (continued)

Bass Tone

Practice the exercises slowly at first and gradually increase your speed as you become more comfortable with them. The tempo range is ♩ = 70–132. The photo at left is to remind you of the correct hand position for the bass tone.

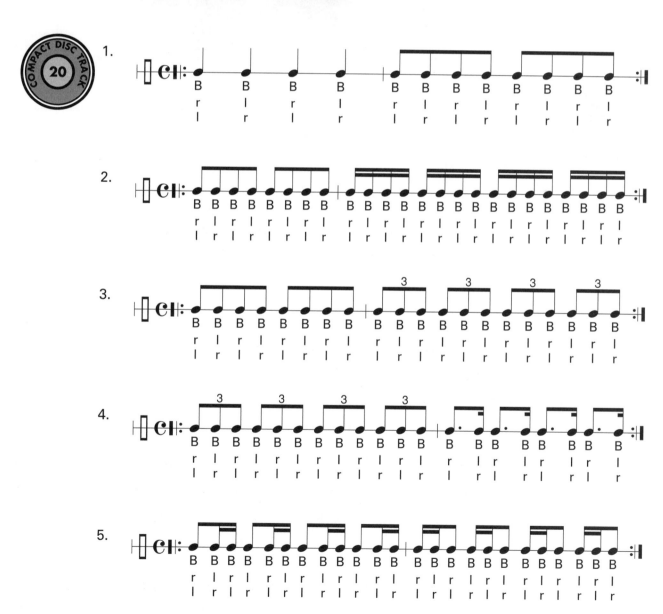

Sound Developing Exercises (continued)

Heel-Fingers Motion

Practice the exercises slowly at first and gradually increase your speed as you become more comfortable with them. The tempo range is ♩ = 70–132. Refer to the photos for the correct hand placement for these patterns. Do these exercises three ways:

1. RRRR (all right-hand strokes)

2. LLLL (all left-hand strokes)

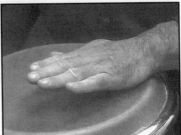

3. RLRL (alternating hand strokes)

1.
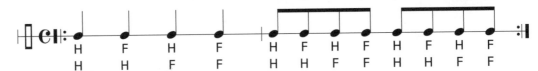

H F H F   H F H F H F H F
H H F F   H H F F H H F F

2.

H F H F H F H F   H F H F H F H F H F H F H F
H H F F H H F F   H H F F H H F F H H F F H H F F

3.

H F H F H F H F   H F H F H F H F H F H F
H H F F H H F F   H H F F H H F F H H F F

4.
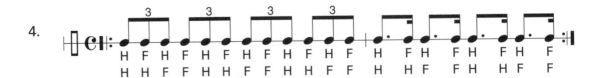

H F H F H F H F H F H F   H F H   F H   F H   F
H H F F H H F F H H F F   H H F   F H   H F   F

5.

H F H F H F H F H F H F   H F H F H F H F H F H F H F
r l r l r l r l r l r l   r l r l r l r l r l r l r l
l r l r l r l r l r l r   l r l r l r l r l r l r l r

Sound Developing Exercises (continued)

Open Slaps

Practice the exercises slowly at first and gradually increase your speed as you become more comfortable with them. The tempo range for this group of exercises is ♩ = 70–132. The photo at left is to remind you of the correct hand position for the open slap tone.

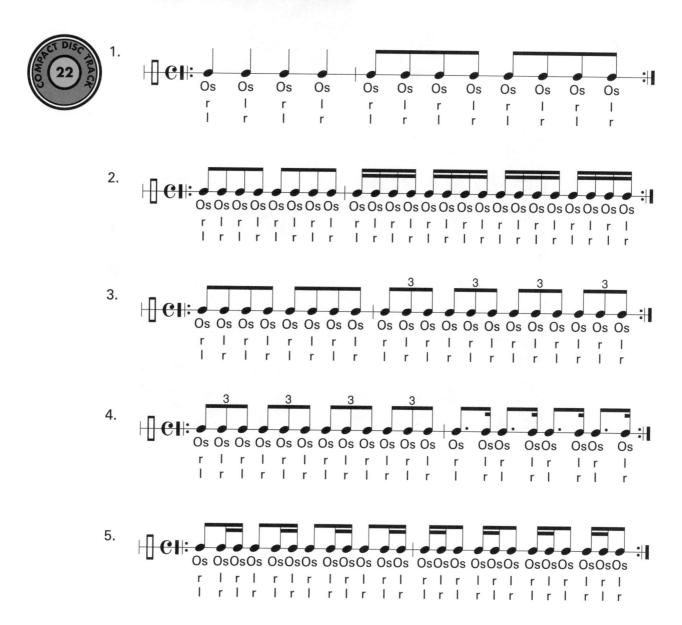

35

Photos Courtesy of William Rasdell

The Clave

Before you move into the exercises, you must remember that a very important element in conga drumming is the knowledge of the clave. Any pattern that is played on the congas should be played with the concept of clave, since the clave is the foundation of almost all Latin rhythms.

There are three main clave patterns used in Latin music. The origins of these clave patterns are from Cuba, and then the patterns spread throughout the Caribbean and the rest of the Hispanic world.

Son Clave

This clave in its early stages was primarily used in small groups composed of tres, bongo, marimbula (which played the bass lines), clave, and singers. The son, or song, was a combination of peasant music mixed with the music of the African slaves. The instrumentation through the years has changed, and the son has been used in all types of band formats: combos, conjuntos, orquestas, and so on.

Rumba Clave

This clave is used in folkloric settings of Afro-Cuban music. Folkloric groups are composed of three tumbadora players along with additional musicians playing the clave, catá, palitos, shekeré, cajones, and batas. They also include dancers and singers. The combination of instruments used is determined by which rhythm is being played.

The rumba has three main forms that are used, the Yambú, Guaguancó, and the Columbia. All of the rhythms are based on African rhythms with vocals mostly in Spanish. These rhythms were mostly played by the urban population.

The Clave (continued)

6/8 Clave

This is the rumba clave played in 6/8. This clave would be used for the folkloric music of Bembé and Abacuá and others. The instrumentation is very similar to the rumba groups. The singing, dancing, and playing are African, and these gatherings were done for religious occasions.

Today, all of these rhythms and claves are used in all types of settings. Elements of all of these forms are played and found in all types of music and arrangements. The only time they are strictly enforced is in folkloric presentations.

Tito Puente and Machito at the Roseland Ballroom

Preliminary Exercises

Following are some preliminary exercises to assist you in developing control of the stroke types and to begin to develop your sound with each of the tones. Keep the following rules in mind as you practice the patterns:

1. When playing the slap with the right hand, leave your left hand down on the head in order to muffle it.

2. While playing open tones with the right hand, your left hand should be raised off the head in order to let the tone ring.

3. For the purpose of these exercises, certain sounds will always occur on a specific beat. For example, the bass tone and the heel-fingers motion will always occur on beats 1 and 3. The slap will always occur on beat 2.

4. Here are the "challenge exercises." Once you have gone through all of the patterns individually, play the exercises all the way through, going from one to the next without stopping (as is done on the CD).

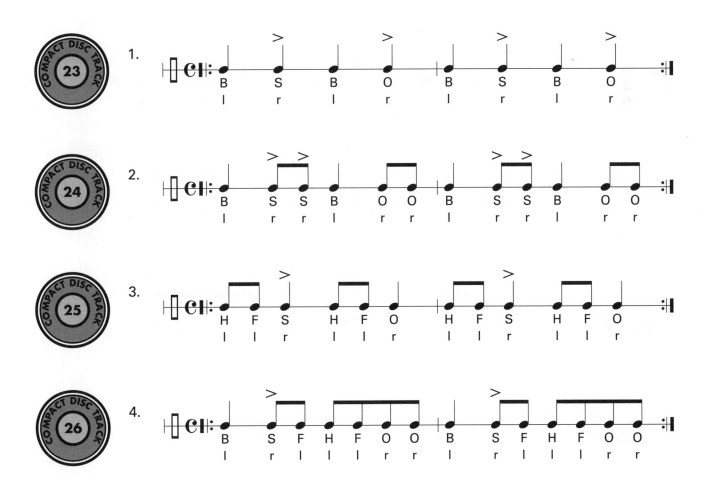

Preliminary Exercises (continued)

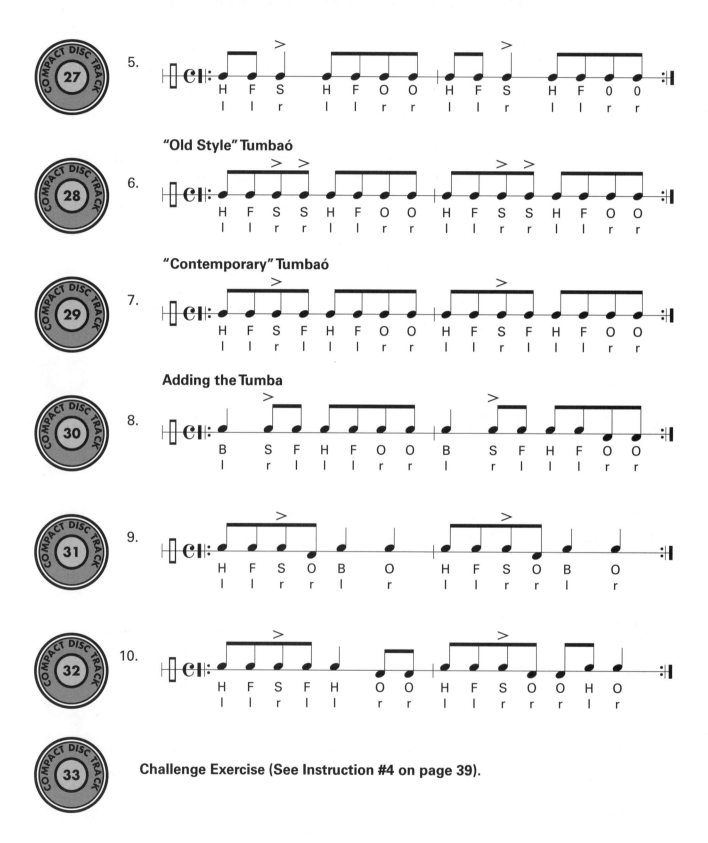

"Old Style" Tumbaó

"Contemporary" Tumbaó

Adding the Tumba

Challenge Exercise (See Instruction #4 on page 39).

Conga Drum Patterns

In this section we'll begin learning specific patterns used in Latin, jazz, and contemporary pop-rock music today. You should know that in the 1940s, the conga drummer in a traditional Cuban dance group used only one drum. Thus the player's role was to play a constant tumbaó rhythm with slight variations and little or no soloing.

The two-conga patterns you find here, though quite common today, were not used until the second drum was added to the player's setup in the late 1940s and early '50s. Some of the key players responsible for this change were Armando Peraza, Carlos "Patato" Valdez, Tata Guines, and Mongo Santamaria.

Patterns from Cuba

Afro-Cuban Tumbaó for 2 drums in 2-3 Clave (played Salsa-style on recording)

1.

CD Track 34

H F S F H F O O H F S O O B O O
l l r l l l r r l l r r r l r r

Tumbaó Variation 1 in 2-3 Son or Rumba Clave

2.

CD Track 35

H F S F H F O H F S O O B O O
l l r l l l r l l r r r l r r

Tumbaó Variation 2 in 2-3 Son or Rumba Clave

3.

CD Track 36

H F S F H O H O H F S O O O
l l r l l r l r l l r r r r

Tumbaó Variation 3 in 2-3 Son or Rumba Clave

4.

CD Track 37

O H S F H F O S H S S O O S O
r l r l l l r l l r r r r l r

Tumbaó Variation 4 in 2-3 Son or Rumba Clave

5.

CD Track 38

H F S F H S H S H F S O O B O O
l l r l l l r r l l r r r l r r

41

Patterns from Cuba (continued)

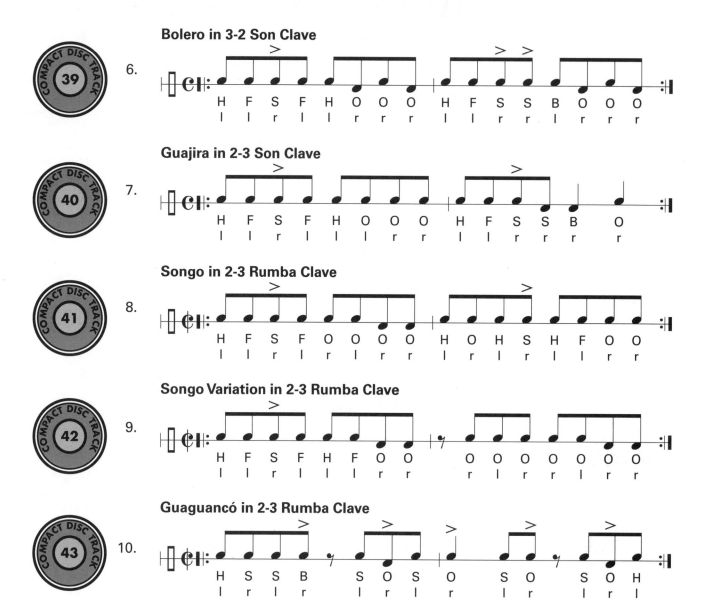

Bolero in 3-2 Son Clave

6.

H F S F H O O O   H F S S B O O O
l l r l l r r r   l l r r l r r r

Guajira in 2-3 Son Clave

7.

H F S F H O O O   H F S S B O
l l r l l l l r   r l l r r r r

Songo in 2-3 Rumba Clave

8.

H F S F O O O O   H O H S H F O O
l l r l r l r r   r l r l r l r r

Songo Variation in 2-3 Rumba Clave

9.

H F S F H F O O   O O O O O O O
l l r l l l r r   r l r r l r r

Guaguancó in 2-3 Rumba Clave

10.

H S S B   S O S O   S O   S O H
l r l r   l r l r   l r   l r l

Patterns from Puerto Rico

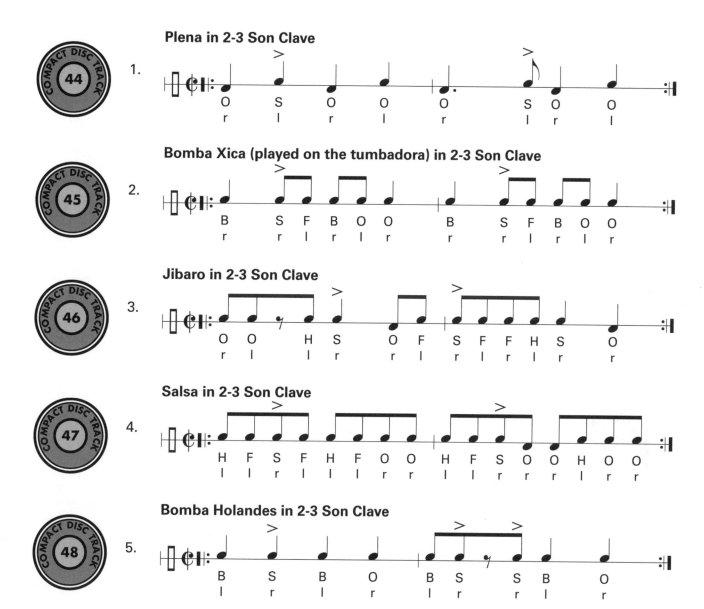

Plena in 2-3 Son Clave

1. (CD Track 44)

O S O O O. S O O
r l r l r   l r l

Bomba Xica (played on the tumbadora) in 2-3 Son Clave

2. (CD Track 45)

B S F B O O B S F B O O
r r l r l r r r l r l r

Jibaro in 2-3 Son Clave

3. (CD Track 46)

O O H S O F S F F H S O
r l l r r l r l r l r r

Salsa in 2-3 Son Clave

4. (CD Track 47)

H F S F H F O O H F S O O H O O
l l r l l l r r l l r r r l r r

Bomba Holandes in 2-3 Son Clave

5. (CD Track 48)

B S B O B S S B O
l r l r l r r l r

Patterns from Santo Domingo

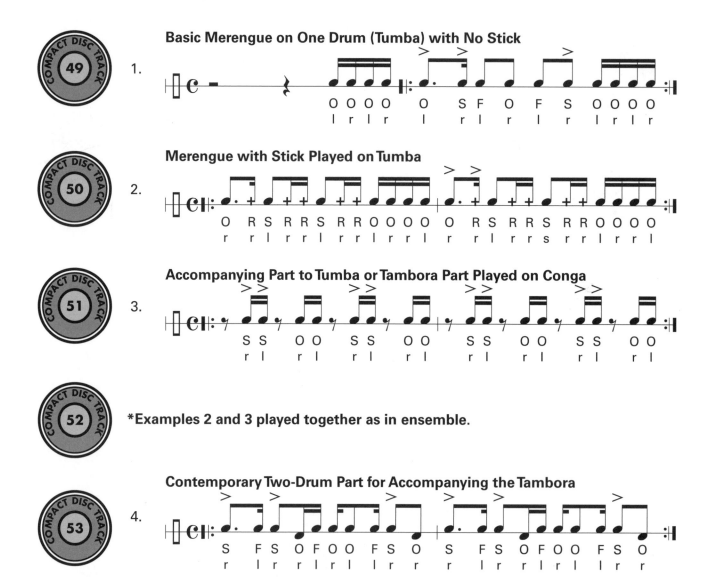

Basic Merengue on One Drum (Tumba) with No Stick

CD TRACK 49 — 1.

Merengue with Stick Played on Tumba

CD TRACK 50 — 2.

Accompanying Part to Tumba or Tambora Part Played on Conga

CD TRACK 51 — 3.

CD TRACK 52

*Examples 2 and 3 played together as in ensemble.

Contemporary Two-Drum Part for Accompanying the Tambora

CD TRACK 53 — 4.

Variation of Ex. 2 Played During a Sax or Other Horn Solo

CD TRACK 54 — 5.

Played with one stick and the hand. "Os" = open tone with stick and "S" = slap with the hand.

Pop, Rock, R&B, and Funk

In this section, we will begin to learn patterns that will work in these four types of settings. You should know that there are no specific names for these patterns. In the pop, rock, r&b, and funk world, the congas have to fit the particular style that is being played. For example, a conga groove on a James Brown tune must fit the style of James Brown and that particular tune. Such would be the case with a Rolling Stones, Sting, Earth Wind and Fire, Michael Jackson, Whitney Houston, Lenny Kravitz, Phil Collins, Madonna, Red Hot Chili Peppers, Backstreet Boys, Ricky Martin, or Jennifer Lopez tune.

What happens is that the conga parts are created by the percussionist to fit that particular piece of music. At the same time, it has to work with the drummer's pattern and not be in the way of the drummer.

The clave in this case does not have to be followed since the grooves are not clave-based (although the clave can be placed in just about any type of music). What needs to be followed is the type of feel that is present in the particular style, for example, shuffle hip-hop, disco, rock ballad, blues, and so on.

Keep in mind the following when creating these patterns:

1. You pattern should not be identical to what the drummer is playing (unless specified).

2. If the pattern played contains a backbeat, do not play your backbeat as strong as the drummer's in order to avoid flaming. It is the drummer's job to lay the backbeat.

3. Think of your pattern as the icing on a cake and not as the heartbeat of the music, as it would be in Latin music. (The drums are the heartbeat in these particular styles.)

4. You might want to use a quinto as your lead drum since it can be tuned higher and cuts better if playing in a loud environment. (This is not necessary though; it all depends on how many drums you are using, what you are playing, and with what you are most comfortable).

I created the following patterns to fit the particular group's style. This does not mean that they are the only patterns you should play. It is a starting point to put you in this thinking mode. Find music you like and create your own patterns. Remember: It must groove.

Pop, Rock, R&B, and Funk Patterns for One Conga

These patterns will function in a variety of settings and tempos. Practice them all with the following tempo range: ♩ = 80–140.

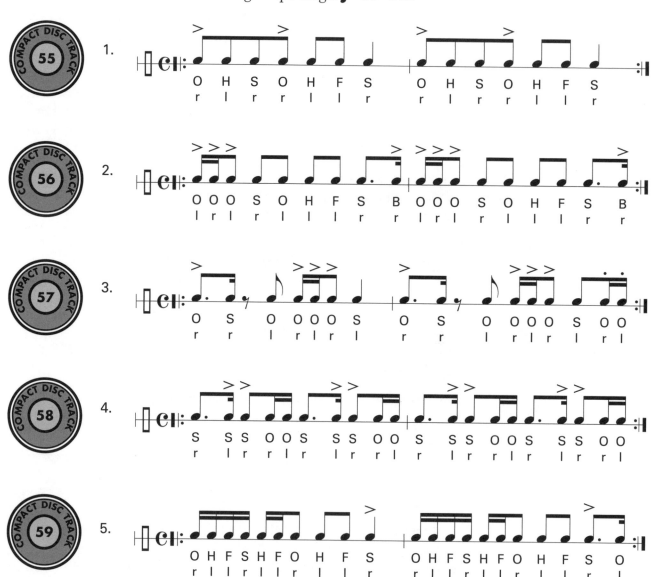

Drum Set and Congas

In this section you will find several drum set patterns to popular tunes that I selected from various artists and groups. To these I created some possible two-conga grooves that could be used if you were playing congas on these pieces in an actual musical setting. Once you have learned these, you can experiment by playing variations to the written patterns and adding a third or even fourth drum. This will help you develop your own versions of the rhythms. Be light on the slaps, except where indicated.

Richie on stage for the Phil Collins "Tarzan" tour

Richie performing during a clinic presentation

"Fields of Gold" *Sting* ♩ = 104

Drum Set Part

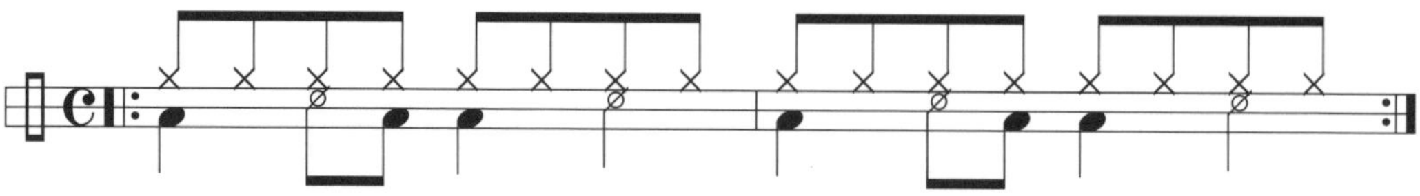

1A **1B**

COMPACT DISC TRACK **60**   COMPACT DISC TRACK **61**   **Play-Along Track**

Conga Part

H F S F H O H O H F S F H O H O
l l r l l l r l l l r l l l r l

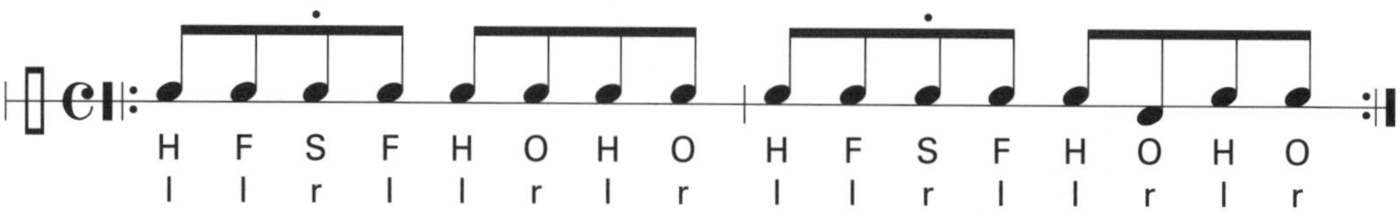

"La Vida Loca" *Ricky Martin* ♩ = 178

Drum Set Part

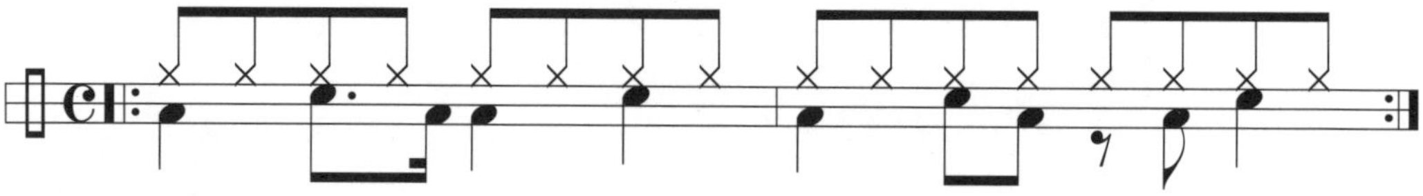

2A **2B**

COMPACT DISC TRACK **62**   COMPACT DISC TRACK **63**   **Play-Along Track**

Conga Part

H F S F H F O F H F S F H F O O
l l r l l l l r l l r l l l r r

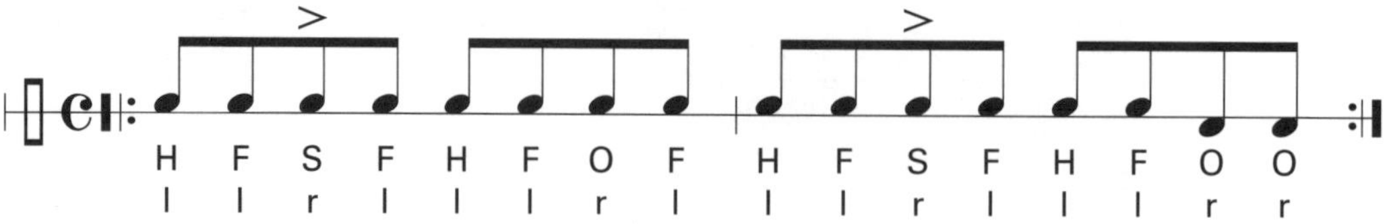

"If You Had My Love" *Jennifer Lopez* ♩ = 90

Drum Set Part

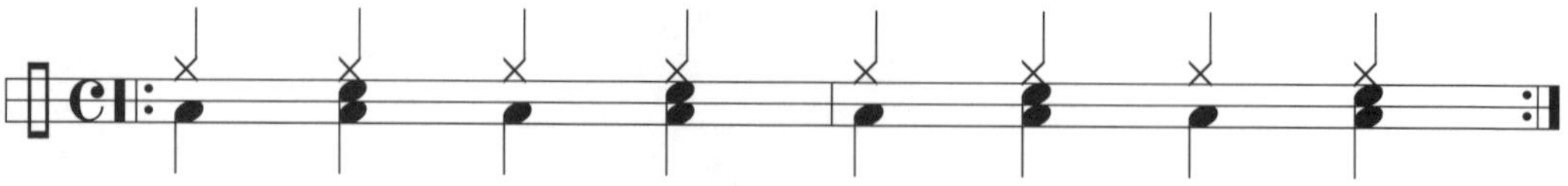

3A **3B**

COMPACT DISC TRACK **64**   COMPACT DISC TRACK **65**   **Play-Along Track**

Conga Part

H F O H F O H F S F F H F O H F O H F S O O
l l r l l r l l r l l l l r l l r l l r l r

"Sex Machine" *James Brown* ♩ = 112

Drum Set Part

4A 4B

Play-Along Track

Conga Part

B O O S F O F O H F S F F   B O O S F O F O H F S F F
l r l r l r l r l l l r   l r l r l r l r l l l r

"Don't Chain My Heart" *Toto* ♩ = 106

Drum Set Part

5A 5B

Play-Along Track

Conga Part

H F O H O F H F S S O O   H F O H O F H F S S F F
l l r l r l l l l r l r r   l l r l r l l l l r l r l

"Two Hearts" *Earth Wind and Fire* ♩ = 90

Drum Set Part

cross-stick   cross-stick

6A 6B

Play-Along Track

Conga Part

H F S F S F O O F S H F O   H F S F S F O O F S H F O
l l r l r l r r l r l l r   l l r l r l r r l r l l r

"P-Funk" *Parliament* ♩ = 106

Drum Set Part

7A **72** 7B **73** **Play-Along Track**

Conga Part

H F S H F O   H F S O O   H F S H F O   H F S O O
l l r l l r   l l r r r   l l r l l r   l l r r r

"House" *Richie Garcia* ♩ = 124

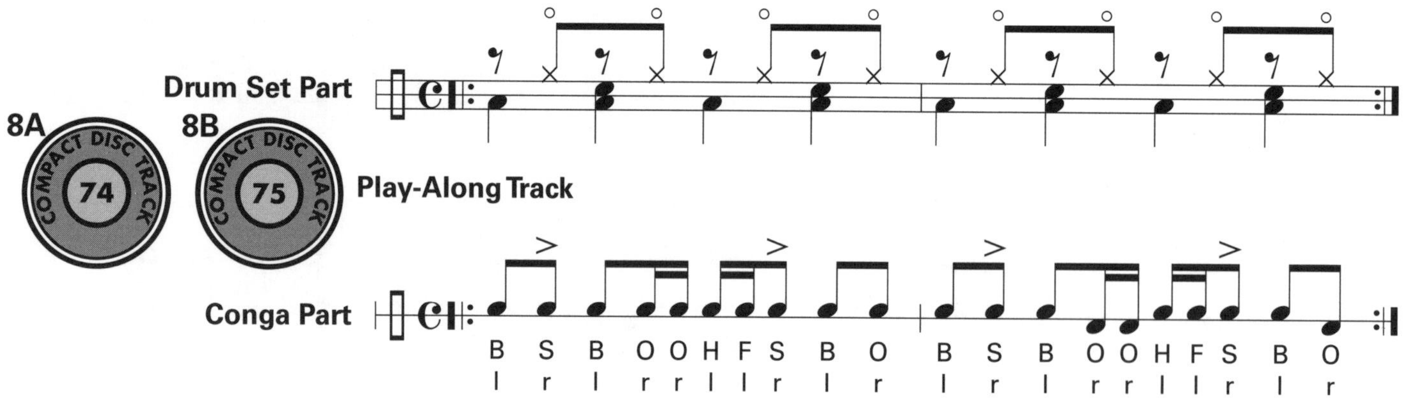

Drum Set Part

8A **74** 8B **75** **Play-Along Track**

Conga Part

B S B O O H F S B O   B S B O O H F S B O
l r l r r l l r l r   l r l r r l l r l r

"Seven Days" *Sting* ♩ = 180

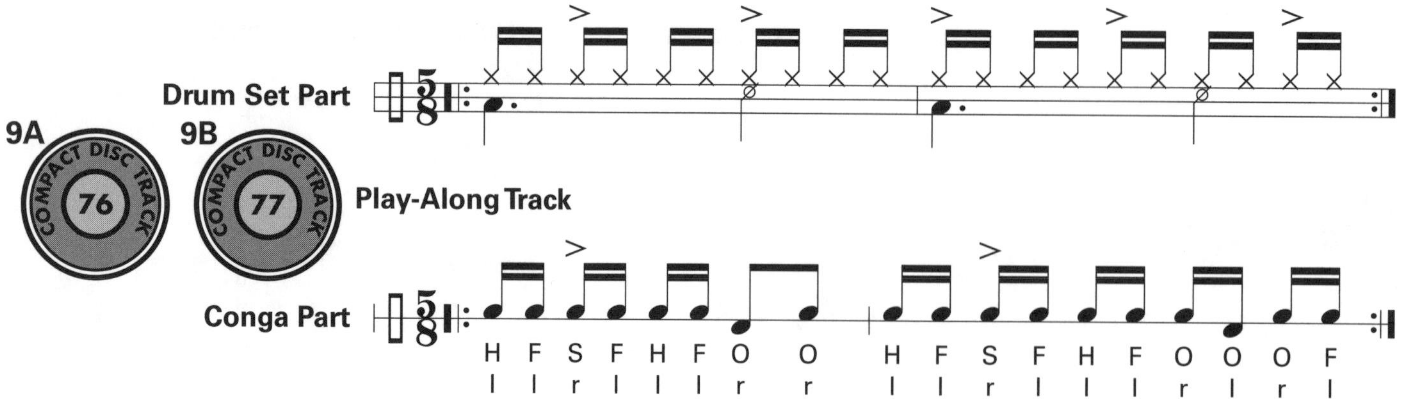

Drum Set Part

9A **76** 9B **77** **Play-Along Track**

Conga Part

H F S F H F O   O   H F S F H F O O O F
l l r l l l r   r   l l r l l l r l r l

"Home Made" *Richie Garcia* ♩ = 168

Drum Set Part

10A · COMPACT DISC TRACK **78**

10B · COMPACT DISC TRACK **79**

Play-Along Track

Conga Part

H F S F H H F O O H F S F O F O F S F H F O O H F O O O O
l l r l l l l l r r l l r l r l r l r l r l l l l r r l l r l r l

Richie performing during a clinic presentation

Bassist Nathan East and Richie on the Phil Collins "Tarzan" tour

Luis Enriquez, Richie, Kevin Ricard, Changuito, Giovanni Hidalgo,
Efrain Toro, and Alex Acuña

52

The High School Band

One of the great pleasures I have had during my clinic and seminar travels has been teaching at some of the high school summer camps like Bands of America. These camps offer high school students from all over the country the opportunity to interact with directors from different schools, as well as professional artists, in one focused setting.

When I give presentations at these camps, students often ask me about technique and what rhythms I play in particular styles. It's great to see how well-informed students are today about many musical styles and how many like Latin percussion. There is now so much information available to them that it makes my job a lot of fun. Sometimes all that is left for them to do is to get out in the jobbing world and experience all types of playing.

I decided to include in this book a section on patterns that will work in a particular style. These patterns will help players get started in the style. From here, other patterns can be created.

I suggest that once you can play the patterns comfortably, you should practice with recordings of the various styles so you can better understand how the patterns work.

The styles presented are those most often encountered in the high school band repertoire. First I have presented the basic drum set parts and then added conga parts that will work for the style.

Remember that these are patterns I came up with for the style. You should learn these but then develop your own versions of these patterns and come up with your own inventions as well. Most important is your groove and that you don't get in the way of the drummer. Your pattern should complement the drummer's part.

1. Big Band Jazz "à la" Count Basie ♩ = 130

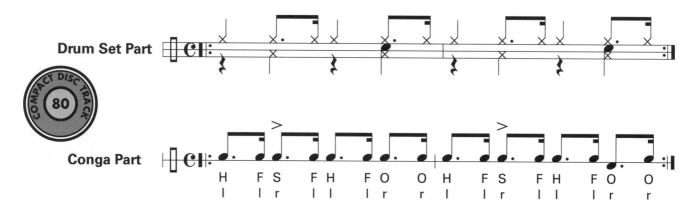

2. Bebop Jazz (fast tempo) ♩ = 240

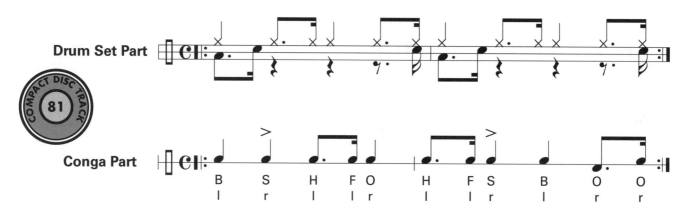

3. Rock and Roll (medium fast) ♩ = 140

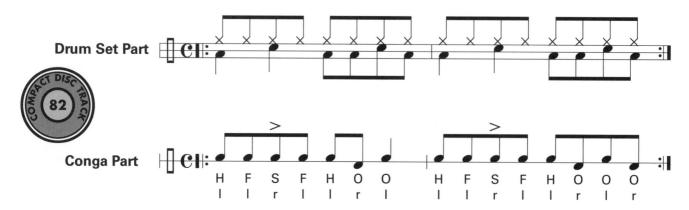

4. Shuffle ♩ = 136

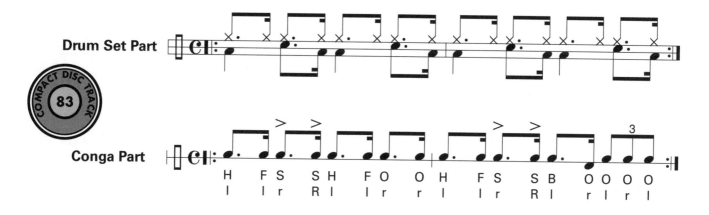

Drum Set Part

COMPACT DISC TRACK **83**

Conga Part

H	F S	S H	F O	O H	F S	S B	O O O O
l	l r	R l	l r	r l	l r	R l	r l r l

5. Medium Funk ♩ = 120

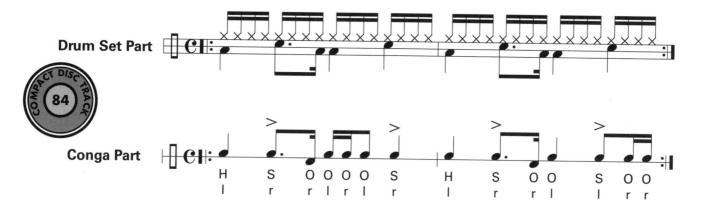

Drum Set Part

COMPACT DISC TRACK **84**

Conga Part

H	S	O O O O	S	H	S	O O	S	O O
l	r	r l r l	r	l	r	r l	l	r r

Independence Exercises

The following exercises will introduce you to the congas in a multi-percussion setup. In this setting, you would play conga parts with one hand while playing other percussion instruments with the other hand.

To work with this section, add a shaker, tambourine, and a mounted cowbell. Practice playing Pattern 1 until you can play it comfortably. If you are right-handed, you will play the pattern with the left hand. If you are left-handed, play the pattern with the right hand.

 1.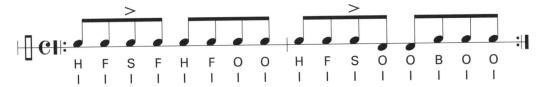

Continue playing Pattern 1 with one hand and play the following pattern with your other hand on your mounted cowbell.

 1A.

Now do the same thing, but instead of the cowbell, play the following pattern with your shaker.

 1B.

Finally, play the following pattern with a tambourine. Play the backbeat on your leg or chest. (Not too hard, okay!)

 1C.

Mis Tres Hijos Play-Along

With Congas

Without Congas

In this section you will find one of the tracks from my new CD, *Mis Tres Hijos (My Three Sons)*. I play in the first version, which is followed by a play-along for your practice. **Please note that I use four congas on the recording.** For the text, I have provided you with two-drum parts.

The piece is in a mambo/salsa style. I hope you enjoy the music.

A gozar!

Intro of song

"A" section and piano solo

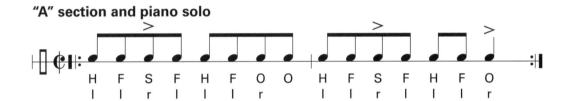

Whenever cowbells come in

Additional Credits

Guillermo Guzman: Drum Programming

Russ Miller: Drums, Mixing

The Band on the Play-Along Track from Richie's CD

Richie Gajate-Garcia: all Drums and Percussion

Justo Almario: Sax, Flute

Mike Daego: Trombone

John Fumo: Trumpet

Guillermo Guzman: Bass

Rique Pantoja: Keys

Richie performing during a clinic presentation accompanied by Luis Conte and Papo Rodriguez

Reference

Most of the information in this book comes from information I have gathered, learned, and taught throughout the years. Some are original creations to fit the particular exercises and better serve the students.

Ed Uribe—*The Essence of Afro-Cuban Percussion & Drum Set*.

Giovanni Hidalgo—*In the Tradition* and *Conga Virtuoso* videos.

Talking Drums—*TimbaFunk*.

Available from Richie:

• *Mis Tres Hijos* CD
  Available through www.artistforum.com/RichieGajateGarcia

• *Adventures in Rhythm* videos, Volumes 1 and 2/LP
  Available at your local music store

• MIDI and audio loop files
  Available at your local music store or www.beatboy.com

• Gajate Timbales sticks and Gajate Bracket beaters/Vater
  Available at your local music store

• The Salsero Ride • El Rayo • La Cascara/Sabian
  Available at your local music store

Richie performing during a clinic presentation accompanied by Carlos Kano from Orquesta La Luz (Japan)

Giovanni Hidalgo and Richie

Sheila Escovedo and Richie

Armando Peraza, Giovanni Hidalgo, Karl Perazzo, Richie's wife Mary, and Richie

Jim Greiner, Richie, Giovanni Hidalgo, Jesus Diaz, and Walfredo Reyes Sr.

Richie performing at the NAMM Show

Texto en Español

TOQUE CONGAS AHORA PUNTOS BÁSICOS Y MÁS
POR
RICHIE GAJATE-GARCIA

POSICIONES DE MANO

LEYENDO RITMOS

DESARROLLO DE LOS TONOS

AFINANDO Y MANTENIENDO
EL EQUIPO

APLICACIONES PARA GRUPOS DE JAZZ

ESTILO LATINO, POP, FUNK Y ROCK

COMBINACIONES DE CONGA Y BATERÍA

CD INCLUYE DEMONSTRACIÓN DE LOS
EJEMPLOS Y MAS

Contenido

Contenido de la Sección en Español

Reconocimientos y Dedicaciones

Este libro está dedicado a mi padre Doel R. García, que fue mi primera inspiración en tocar congas. Dios te bendiga, te quiero.

A mi esposa Mary, mis hijos Tristán, Roland, Devin, y a mi hija recién nacida, Lisette.

A mi madre Savelia, y a mis hermanos Doel Jr., Javier, Perry, y toda la familia Gajate.

Un agradecimiento especial a mi profesor de percusión, el Sr. James Dutton y Sra. Frances Dutton del Conservatorio de Música de Chicago, por su inspiración, dedicación, y respaldo en el desarrollo de mi carrera profesional como percusionista.

Un agradecimiento especial al Sr. Raúl Artiles por su amistad y respaldo constante a través de los años y por su ayuda para hacer este libro una realidad. Con mucho aprecio, gracias.

A Ray Brych por su respaldo durante el proceso de organizar este libro. Gracias por tu paciencia.

A Russ Miller: gracias por estar disponible, y por compartir tu experiencia en la organización de libros de instrucción, por tu contribución de ingeniería de sonido y audio, y por hacer una pequeña presentación, tocando la batería.

A Giovanni Hidalgo, por tu respaldo, comentarios, y especialmente por tu inspiración musical a través de los años.

Al Sr. y Sra. Smith, su familia, y mi "hermano" Hal Smith por su hermandad apoyo a través de los años.

A Héctor García: gracias por tu obra maestra, la ilustración de la portada del libro y CD.

A Martin Cohen y Latin Percussion, Steve Nigohosian, y Marsha Stevenson por proveer las fotos y por los mejores instrumentos del mundo.

A mi "hermano Mambo" y compañero Guillermo Guzmán; gracias por compartir tu tiempo, tocando un excelentísimo bajo, y tu dedicación durante este proyecto.

A Alex Acuña por tu inspiración musical durante nuestros trabajos con el grupo, The Unknown y especialmente por tu hermandad en el Señor.

Por ultimo, pero no menos importantes, a todas las empresas que me han respaldado a través de los años: L.P., Sabian, Remo, Gibraltar, Vater, Audix, Beatboy, Rhythms, Danmar, D. W., Drumstick Collection (Suecia), y Warner Brothers Publications.

Dios les bendiga a todos.

Sobre el Autor

Richie Gajate-García es puertorriqueño nacido en Nueva York, pero criado en la isla de Puerto Rico desde la edad de siete años. Fue allí donde comenzó su amor por la música. Siempre estuvo expuesto a la música local de los pequeños conjuntos y orquestas, de todo tipo, profesional y de aficionados que se encontraban en la isla. Todo esto gracias a su padre Doel R. García, el cual en un tiempo ejecutó su música en locales de la Bahía de San Francisco, y más tarde tocó con el famoso líder de orquesta Xavier Cugat durante los últimos años '40. El padre de Richie contó entre su buenos y grandes amigos a Tito Rodríguez, Tito Puente, Santitos Colón, y a muchos otros grandes músicos de Puerto Rico.

A través de los años, su afición por la percusión y los tambores de conga aumentó, y así comenzó a estudiar con maestros locales como Monchito Muñoz y Chony Porrata. Continuó sus estudios en el Colegio Springfield en Illinois bajo la tutela del Profesor Fred Greenwald, avanzando al Conservatorio de Música de Chicago donde obtuvo su título de bachillerato en Educación de Música. Desde entonces Richie ha tocado y grabado todo tipo de música, y ha participado en giras alrededor del mundo como percusionista y baterista en importantes eventos musicales.

Richie también ha enseñado en el Instituto de Músicos en Hollywood, California, por alrededor de diez años.

Además Richie figura como uno de los maestros de alto renombre en talleres y seminarios de música, con 450 clínicas a su crédito para Latin Percussion y Sabian Cymbals, Vater Drum Sticks, Shaker Man, DW Drums, Audix Microphones, Gibraltar, y Remo.

Richie ha creado dos videos de instrucción para LP, Adventures in Rhythm, Volumen 1 y 2 (disponible en su tienda de música local), sobre ejecución del instrumento de conga para principiantes, timbales, bongo, güiro, maracas, cencerro, e independencia múltiple.

Richie también ha terminado su proyecto como solista (pedidos disponibles a través de correo electrónico a: gajate@aol.com).

También tiene dos CD con varios ejemplos y técnicas distribuidos por Beat Boy (disponible a través de www.beatboy.com).

Richie también ha colaborado en el diseño de instrumentos como el Gajate Bracket, el Salsero Ride, la Sabian Cáscara, el Sabian El Rayo, y los Multitone Mallets para Vater.

Uno de los últimos proyectos de Richie fue el de participar en la gira musical de Phil Collins, presentando la música de la película Tarzán, además de continuar grabando, tocando, y enseñando en Los Angeles.

Introducción

Este libro es para el músico de nivel principiante a intermedio, pero incluye algunas técnicas y ejercicios avanzados.

Después de viajar por el mundo ofreciendo clínicas, ejecutando con varios tipos de grupos, asistiendo a seminarios, y escuchando y compartiendo con diferentes músicos de muchas culturas, he visto como el amor por tocar tambores con las manos, en este caso la conga, se ha hecho muy popular a través de todo el mundo. Gente de todo trasfondo están encontrando y sintiendo el regocijo, alegría, y compartiendo eso que viene de tocar "la conga" y han encontrado que con un poco de técnica pueden tocar sin tener que convertirse en un profesional.

Este libro proveerá las técnicas principiantes necesarias igualmente para estudiantes y futuros profesionales. Cuan lejos llegas, depende de ti.

Como con cualquier instrumento, siempre recomiendo que procures oír diferentes músicos, y también que escuches el estilo de música en el cual este instrumento predomina, a fin de obtener un entendimiento del mundo en donde se halla este instrumento.

Una Historia Breve

El tambor de conga es un instrumento cuyo origen viene de África Occidental Este tambor se hacía de troncos de árboles, con la piel de un animal, estirada sobre la parte superior, y asegurada con clavos de madera, cuerda, o ambos. Cuando los esclavos africanos fueron traídos al Nuevo Mundo, estos trajeron consigo su conocimiento de los tambores y, dependiendo de la tribu y región de donde eran, así seguían su cultura religiosa y musical enrelazandao ambas con frequencia.

Los esclavos que llegaron al Caribe, venían de varias tribus, la yoruba, la abacuá, la dahomeán, y la congolesa. Estas tribus trajeron el conocimiento del tambor abacuá, el shekeré, el batá y la conga, por nombrar solo algunos. (Vea la figura 1 y 2 en la siguiente página)

La forma de la conga que vemos hoy en día, se originó en Cuba. Los primeros tambores se hicieron de madera y eran bastantes largos. Eran livianos de peso y se colgaban del hombroo con una correa, y tenían una cabeza sujeta con tachuelas. El tono se conseguía calentando el cuero sobre una llama u otra fuente de calor. El tambor se tocaba generalmente de pie y para marha ae colgaba del hombro del músico. Los tamboreros de la conga y la comparsa del carnaval cubano aún lo tocan de esta manera.

A través de los años la conga se ha vuelto más pesada con la adición de piezas de metal y se toca en el piso o en un atril de metal. El cuero, ahora, es afinado por mecanismos que están adheridos a cada tambor. El tambor viene también en varios colores, tamaños y formas y está disponible en madera o fibra de vidrio.

El tambor de conga ha tenido muchos grandes representantes en el mundo musical. La siguiente es una lista de algunos de esos grandes músicos pasados y presentes. Chano Pozo, John Santos, Cándido, Raul Rekow, Armando Peraza, Jesús Díaz, Ray Barreto, Michael Shapiro, Mongo Santamaría, Karl Perazzo, Francisco Aguabella, Walfredo Reyes Sr., Tata Guines, Giovanni Hidalgo, Changuito, Luis Conte, Michito Sanchez, Anga, Alex Acuña, Martin Quiñones, Mark Quiñones, Richie Flores Poncho Sánchez, Papo Rodríguez, Little Johnny, Patato, Bobby Allende, y muchos, muchos otros—demasiados para nombrar, pero todos grandes en su propia forma.

Clave de Notación

A continuación aparece la clave a los sonidos que serán usados a través del libro. A fin de facilitar la memorización de la notación usada para indicar diferentes tipos de golpes, he asignado una letra a cada tipo de golpe. Memorice lo que esta letra representa y como tocar los golpes.

La conga (tambor alto) y la tumba (tambor bajo) están escritos en un pentagrama de dos (2) líneas, con la conga en la línea de arriba y la tumba en la de abajo.

Los siguientes términos representan los varios tipos de golpes y sonidos:

O = Tono abierto

M = Tono apagado

B = Tono bajo

S = Golpe con la palma de la mano

Todos los demás elementos de notación y símbolos se explican cuando aparecen con un ejemplo musical.

Tamaños de la Conga

De los tres tamaños principales de congas, quinto (tambor pequeño), conga (tambor mediano), y tumbadora (tambor grande), sugiero que usted comience con el tamaño conga. Este tambor cubre mejor el grupo de sonidos que necesitará para casi cualquier tipo de situación musical.

Afinación

Primero, afine el tambor conga; la mayoría de tambores de conga usan tornillos de media pulgada que usted afinará con una llave que se provee con el instrumento. Cualquier llave ajustable al tamaño de tornillo puede servir para hacerlo.

Tome la llave y comience a girar los tornillos en forma uniforme alrededor del tambor. Cuente cuantas vueltas de cada tornillo para que el cuero del tambor esté afinado uniformemente. Un tono común sería el Do central (C). Cuando le haya dado vuelta al tambor varias veces, cierre el puño y pegue fuerte al tambor en el centro; probablemente soirá un golpe seco. Esto es el cuero estirándose. Una vez hecho esto, apriete el cuero otra vez, y repita el proceso hasta que llegue al tono deseado. Repita el proceso para cada tambor. Recuerde que los tambores con cuero de animal (como la piel de becerro, vea la figura 1), son susceptibles a los cambios del tiempo, así que recomiendo que afloje los cueros después de cada uso, especialmente al tambor del tono más agudo. Haciendo esto, mantendrá sus metales en buenas condiciones, y el tambor no perderá su forma.

Los cueros de plástico (figura 2), están disponibles hoy. Si usted los usa, no tiene que pasar por el proceso mencionado previamente, y puede dejarlos afinados, si desea, ya que no ponen tanta presión en los metales como lo hacen cueros con piel de animal. Sin embargo, aún recomiendo aflojarlos, ya que están pegados y pueden despegarse fácilmente si están en un ambiente cálido. Si usted tiene más de un tambor, digamos una tumba, afínela "cuatro tonos" más bajo (o a la nota G). Este intervalo es como las primeras dos notas en la canción "Here comes the Bride" (Marcha Nupcial). Se usa comunmente en un arreglo estilo salsa. Si usted tiene un tercer tambor, afínelo ya sea como entre conga y tumba, a Si bemol (B Flat), a afínelo más bajo que la tumba, a un Fa bajo, Do central (middle C).

La afinación es personal. A los músicos les gusta tratar tonos diferentes. También, cuando se está grabando, un canal particular aún puede requerir que usted re-afine su tambor para igualar el tono o clave de la canción o para evitar un choque con otro instrumento en el canal o con la melodía o vocalización.

Posiciones Para Tocar: Sentado O De Pie

Aprendamos como sentarnos con la conga. El tambor conga se mantiene entre las piernas con los pies abrazando un poco el tambor. Los talones deben de estar presionados contra el casco en la base del tambor, para poder levantar el tambor del piso un poco con sus talones, a fin de obtener un tono bajo completo. Recuerde que las piernas van alrededor de un solo tambor, no del par de tambores. Este único tambor que "sostiene" es usualmente el tono más agudo de los dos, y el tambor principal en que se están tocando los patrones. El segundo tambor se coloca en cualquiera de los lados. Si usted es derecho, el tambor va a su derecha, y si usted es zurdo, el segundo tambor va a su izquierda.

Si está usando tres tambores, entonces estos van en cualquier costado. Cuál tamaño va en cuál lado está determinado por la combinación de ser derecho o zurdo, su preferencia musical, y tal vez, aún por el estilo de música que está tocando. Algunos músicos cambian de tambores de lado a lado para diferenciar estilos.

Si prefiere no sentarse, se puede usar un soporte de conga. Sugiero que aprenda primero la posición sentado, ya que esa es la forma tradicional de tocar (y habrá veces que no le sera posible usar un soporte de congas). También, si está sobre alfombras y tiene que sentarse, coloque pedazos de madera contrachapada (plywood) debajo de los tambores. De esta manera la alfombra no apagará el sonido de la conga y usted podrá proyectar más sonido.

Vamos A Comenzar

Los siguientes son los ejercicios que le llevarán por el camino a convertirse en un tocador de congas bien redondeado. Practique despacio. Los que es importante por ahora es la exactitud del sonido y no la rapidez. Más adelante usted puede acelerarse a medida que sea más exacto en la ejecución de los sonidos y patrones.

Recomiendo que use un metrónomo para ayudarle a mantener un pulso consistente. Usando un metrónomo le ayudará en el desarrollo de la rapidez.

En algunos de los ejercicios encontrará la clave anotada. Esto es para recordarle estar alerta con la clave aún, si nadie está tocando el instrumento actual. mientras mas alerta esté de la presencia de la clave, mas natural será su rutina.

Las Manos

Antes de comenzar a tocar, dele una mirada a las manos. Para tocar cualquier instrumento físico, el cuerpo tiene que moverse en cierta manera, a fin de poder ejecutar un sonido particular. Por lo tanto, al tocar las congas, uno usa las muñecas, antebrazos, brazos, y hombros con el apoyo de la espalda para darle fuerza. Así que, mirese un momento en frente a un espejo sin el tambor. Siéntese o párese y levante el antebrazo en un ángulo de 45 grados y deje caer la muñeca. Ponga sus manos en la posición de tono abierto y solo haga mecer su muñeca hacia arriba y hacia abajo. Tiene que desarrollar este movimiento. Para un poco más de fuerza, mueva todo el brazo hacia arriba y hacia abajo. Recuerde no exagerar demasiado; el propósito de este ejercicio es enseñarle a ver los movimientos. El movimiento es como el de un látigo en una manera relajada. Si se encoge demasiado, terminará lastimándose, así que la idea es que se relaje. Lo más fuerte y rápido que vaya, lo más relajado que debe ser el modo de hacerlo.

Una vez que comience a incorporar los sonidos al tambor, trate de visualizar como las muñecas y los brazos se movían cuando estaba frente del espejo.

También, me gustaría mencionar, que es una buena idea usar una buena loción para las manos antes y después para mantener las manos húmedas y flexibles, ya que el tocar las congas afecta la humedad de las manos, causando que la piel se quiebre. Si se le quiebra o corta la piel, use solamente un vendaje de tela y así no continuará quebrándose y sanará en un día o dos. Todo los músicos de conga comúnmente hacen esto.

Los Sonidos

Los siguientes son los sonidos (tonos) fundamentales y claves que usted tiene que desarrollar a fin de poder tocar las congas.

- **El tono abierto**
- **La tono seco cerrado**
- **La tono seco abierto**
- **El movimiento de palma y dedos**
- **El tono bajo**
- **El tono apagado**

Entienda que muchos otros sonidos pueden producirse en el tambor conga, pero a fin de no causar confusión, me he quedado con el más común; cuando de los primeros pasos en la técnica de la mano, va a comenzar a añadir los otros sonidos gradualmente. Recuerde practicar despacio; debe concentrarse en la ejecución y sonido, no en la rapidez en este momento.

Al principio, lo más difícil será recordar la posición de sostener la conga y la posición de la mano. No se asuste, con la práctica, esto será secundario.

Ahora, vamos a ver a cada sonido y cómo se hacen.

El Tono Abierto

Este es el sonido abierto natural del tambor. Se toca con cualquiera de las dos manos. Voltee las manos, la palma hacia arriba, y mire al área inmediata debajo de donde deben de estar los nudillos. Esa es el área donde debe sentir el ataque. Cuando golpee el tambor, asegúrese de que se despega del cuero del tambor tan pronto como golpea, a fin de permitir que el cuero vibre. Si deja la mano en el cuero cuando lo golpea, el sonido del tambor se cancela por sí mismo. Practique golpes de tono abierto alternos hasta que pueda tocar el sonido consistentemente.

Tono Apagado

Este sonido se hace también con cualquier mano. Es un sonido seco, sólido. Este sonido se toca poniendo su mano izquierda en el cuero del tambor, a fin de parar la vibración. Luego, con la mano derecha, golpee la conga hacia el borde. Su mano debe de estar un poco acopada. De esta manera el aire tiene una abertura por donde escapar. El ataque o el roce debe de sentirse hacia la punta de los dedos, no hacia el medio de la mano, como se supone que debe sentirse para el tono abierto. Luego, invierta las manos. Apague con la mano derecha y golpee con la izquierda.

Tono Seco Abierto

El golpe abierto es un sonido alto-agudo, resonante usado por todos los músicos de conga para tocar acentos y llenar en combinación con todos los otros sonidos de conga. Este sonido alto proyecta muy bien y se oye claramente. Para poder hacer este sonido, la mano está en la misma posición que para el golpe apagado, pero el ataque es hacia el centro del tambor. Esto le da al músico un sonido resonante más amplio. Este sonido también se siente hacia la punta de los dedos.

Movimiento de Palma y Dedos

El movimiento de palma y dedos de la mano es usado para ciertos propósitos diferentes. Primero, se produce usando ambas manos, que es una de las maneras que el tocador de congas (conguero) hace de sus primeros repiques.

Segundo, cuando se toca con la mano izquierda, provee la sensación de la corchea, que está presente en la mayoría de los patrones de congas.

Cuando usted toca un patrón específico de conga, como el mambo, la mano izquierda toca el movimiento de palma y dedos, y la mano derecha toca los golpes palmeados y tonos abiertos. Esto provee el "movimiento" que se oye. Es importante saber que no debe forzar su mano a hacer este movimiento. Esta se soltará gradualmente.

Recuerde tratar de sentir el peso de la mano en el tambor. Asegúrese de que está plana en la superficie del cuero. Golpee con su palma completa, al ir hacia arriba golpee ligerito con todos los dedos.

El Tono Bajo

El tono bajo es el sonido más bajo en los tambores de conga. Se toca con cualquier mano golpeando el tambor en el centro del cuero con toda la palma de la mano. Al golpear el tambor despegue la mano del cuero y permita que este vibre. Este sonido se produce fácilmente si el tambor está en un soporte. Si usted está tocando sentado con el tambor en el piso, necesita levantarlo un poco con sus talones a fin de proyectar más sonido de la parte de abajo del tambor.

El Tono Apagado

El tono apagado se hace con cualquier mano. Se produce presionando los dedos contra el cuero hacia el borde del tambor. Este sonido es parte del vocabulario del toque de congas. Esto añade un color de improvisación al patrón particular que se está tocando.

Teoría Básica

En esta sección comenzará a aprender las notas y sus valores. Estará estudiando solo los valores de notas usadas en los ejercicios de este libro. Sí sugiero que busque un libro fácil de tambor pequeño con qué practicar para expandir más su lectura.

Leer ritmo es como aprender matemática simple, una vez que conoce cuáles son los valores, estará capacitado para llevar a cabo la función.

Antes de mirar a las notas, observe algunas cosas. El grupo de cinco líneas se colocan las notas, se llama pentagrama. *Ejemplo 1*: Los encasillados que aparecen en el pentagrama se llaman compases. *Ejemplo 2*: Mientras mas notas requiera un signo de tiempo en particular (4/4, 6/8), se añadirán más compases para acomodar los patrones que se van a tocar.

En esta página hay tres (3) pentagramas que contenienen dos compases cada uno, los cuáles están divididos por la línea de compás. Cada pentagrama comienza con varias notaciones. Primero, el signo de la clave le dice para qué instrumentos está escrita la música, como el piano, el bajo, los tambores, el saxofón, la voz, etcétera. El piano tiene un pentagrama doble que contiene los signos de la clave de sol y de fa (Ejemplo 2 y 3) para indicar la sección alta y baja del teclado en que se va a tocar.

La percusión y muchos instrumentos usan sólo un pentagrama con la señales apropiadas. La percusión puede usar el signo de la clave de percusión (Ejemplo.4). Es también muy común ver la clave de Fa usada para percusión, como también otros instrumentos. La selección de la clave se basa en que la percusión tenga o no tenga tono.

Otras indicaciones son: claves (Ejemplo. 5) de compás y tono en la que se tocará un instrumento melódico; notaciones dinámicas (suave, mediano, fuerte) que serán requeridas para una pieza en particular.

Los signos de tiempo 4/4, 5/8, 7/8 indican dos cosas: 1. El número de arriba indica cuantos tiempos hay en un compás. 2. El número de abajo indica que tipo de nota tendrá uno de los tiempos. En 4/4 el número de arriba indica cuatro tiempos en cada compás. El número de abajo indica que las notas negras reciben un tiempo cada una, "1,2,3,4." En 5/8 el número de arriba indica cinco tiempos en cada compás. El número de abajo indica que las notas corcheas reciben un tiempo cada una, "1,2,3,4,5." En 7/8 el número de arriba indica 7 tiempos en cada compás. El número de abajo indica que las notas corcheas reciben un tiempo, "1.2.3.4.5.6.7."

En la música latina es muy común ver música escrita en 4/4 (a menudo abreviada con el símbolo **C**, Ejemplo 6), pero tocada en los que se conoce como tiempo cortado (a menudo abreviado con el símbolo À, Ejemplo 7). Tiempo cortado indica que el conteo será el doble de rápido y que el pulso de la música es 'en dos' en vez de "en cuatro".

Ejemplo 6: Abreviación para signo de tiempo 4/4

Ejemplo 7: Abreviación para el signo "tiempo cortado" 2/2

Hay también dos líneas de doble compás con dos puntos (llamados signos de repetición), las cuáles indican que el material contenido dentro de ellas, debe repetirse-sea una vez o un número especifico de veces según se inque (Ejemplo 6).

Note por favor, que la siguiente marca, ⌄, encima de una nota indica donde se cuenta (y a veces se siente) el compás. De esta manera el Ejemplo 6 es de tiempo común 4/4, que significa que las notas negras marcan un compás, es por eso que hay cuatro marcas sobre las cuatro notas negras.

Valores de Notas y Silencios

Los siguientes son los grupos de notas y silencios con los cuáles estará trabajando en los ejercicios siguientes y que encontrará más a menudo al leer partes y ritmos para los tambores de conga.

1- Notas negras y silencios

2- Corcheas y silencios

3- Semicorchea y silencios

4- Corchea y dos semicorcheas

5- Dos semicorcheas y una corchea

6- Corchea con puntillo y una semicorchea

7- Tresillo de corchea

Ejercicios básicos De Lectura

Los siguientes son algunos ejercicios básicos de lectura. Practique cada ejercicio despacio al principio y aumente el ritmo gradualmente al ganar más facilidad. Use un metrónomo con un tiempo de ♩ = 60 para comenzar.

Nota: Haga todos los ejercicios con **el tono abierto y alternando los golpes** D-I-D-I (Derecha, Izquierda). (Una vez que tenga esto bajo control, puede hacer los mismos ejercicios usando los otros tonos y tipos de golpes.)

1- Notas negras y silencios

2- Corcheas y silencios

3- Silencios de notas negras y corcheas, y notas corcheas

4- semicorcheas y silencios
   Nota: Un silencio de nota negra = un silencio de dos (2) corcheas

5- Combinación de una corchea y dos semicorcheas.

6- Combinación de dos (2) semicorcheas y una corchea.

7- Combinación de una corchea con punto y una semicorchea y silencios.

8- Tresillos

9- Combinando notas negras, corcheas, semicorcheas, y silencios.

10- Combinando las notas negras, corcheas, semi-corcheas, con la combinación de corcheas y dos semicorcheas.

11- Añadiendo la combinación de dos semicorcheas y una corchea.

12- Añadiendo la combinación de corchea con puntillo y semicorchea.

13- Añadiendo tresillos y silencios de tresillos

14- Signos de tiempo 6/8, 5/8, y 7/8 con varias combinaciones de notas.

Ejercicios para Desarrollar los Sonidos

Tonos Abiertos

Practique los ejercicios despacio al principio y aumente la rapidez gradualmente al sentirse más confortable con ellos. El compás de tiempo es ♩ = 70 -132. La fotografía a la izquierda le recordará de la posición correcta de la mano para el tono abierto.

Ejercicios para Desarrollar Los Sonidos (continuación)

Tono Apagado

Practique los ejercicios despacio al principio y aumente la rapidez gradualmente a la vez que se sienta más confortable con ellos. El compás de tiempo es ♩ = 70–32. La fotografía a la izquierda es le recordará de la posición correcta para el tono apagado. A medida que el tiempo aumenta, la mano apagando el cuero, permanece más cerca a su posición de ejecución. En otras palabras, ambas manos se quedan más o menos en el mismo lugar. En la fotografía a la izquierda, la mano izquierda estaría en la misma posición que la derecha, pero apagando el cuero.

Ejercicios para Desarrollar los Sonidos (continuación)

Tono Bajo

Practique los ejercicios despacio al principio y gradualmente, aumente su rapidez a medida que se va sintiendo más confortable con ellos. El alcance de tiempo es de ♩ = 70–132. La fotografía a la izquierda es para recordarle de la posición correcta de la mano para el tono bajo.

Movimiento De Palma Y Dedos

Practique los ejercicios despacio al principio y aumente la rapidez gradualmente a medida que se sienta más confortable con ellos. El alcance del tiempo es

♩ = 70–132. Refiérase a las fotografías para la posición correcta de colocar la mano para estos patrones. Haga estos ejercicios de tres maneras:

1- DDDD (Todos los golpes con la mano derecha)

2- IIII (Todos los golpes con la mano izquierda)

3- DIDI (Alternando los golpes con la mano)

Tono Seco Abierto

Practique los ejercicios despacio al principio y aumente la velocidad gradualmente a medida que se sienta más confortable con ellos. El alcance del tiempo para este grupo de ejercicios es ♩ = 70–132. La fotografía a la izquierda le recordará de la posición correcta para el tono seco abierto.

La Clave

Antes de prosiguir con los ejercicios, debe recordar que un elemento bien importante en tocar las congas es el conocimiento de la clave. Cualquier patrón que se toca en las congas, debe tocarse con el concepto de la clave, ya que la clave es el fundamento de casi todos los ritmos latinos.

Hay tres (3) patrones principales de clave para música latina. Los orígenes de estos patrones o modelos de clave son de Cuba, propagandose luego por todo el Caribe y el resto del mundo hispano.

Clave de Son

Al principio, esta clave se usaba principalmente en grupos pequeños compuestos por: el tres, el bongo, y la marímbula (la cual tocaba las líneas del bajo), clave y cantantes. El son, o canción, era una combinación de música campesina mezclada con la música de los esclavos africanos. La instrumentación a través de los años ha cambiado, y el son se ha usado en todos los formatos de banda: combos, conjuntos, orquestas, y demás.

Clave de Rumba

Esta clave se usa en arreglos folklóricos de música afro-cubana. Los grupos folklóricos están compuestos por tres (3) músicos de tumbadoras junto con músicos adicionales tocando la clave, el catá, los palillos, el shekeré, los cajones, y batás. Estos también incluyen bailarines y cantantes. La combinación de instrumentos usados es determinada por el ritmo que se toca.

La rumba tiene tres formas principales: el Yambú, el Guaguancó, y la Columbia. Todos los ritmos están basados en ritmos africanos con vocalización mayormente en español. Estos ritmos generalmente se tocaban por la población urbana.

Clave 6/8

Es la clave de la rumba tocada en 6/8 y se usa en la música folklórica del Bembé, el Abacuá, y otras. La instrumentación es muy similar a los grupos de rumba. La vocalización, el baile y la ejecución, son africanos; las reuniones se hacían para ocasiones religiosas.

Hoy en día todos estos ritmos y claves se usan en todo tipo de arreglos. Elementos de todas estas formas se tocan en todo tipo de música y arreglos. La única vez que son estrictamente aplicados es en presentaciones folklóricas.

Ejercicios Preliminares

A continuación aparecen algunos ejercicios preliminares para ayudarle a desarrollar el control de los tipos de golpes y comenzar a producir el sonido suyo con cada uno de los tonos. Mantenga las siguientes reglas en mente, a la vez que practica los patrones.

1-Tocando el tono con la mano derecha, deje la mano izquierda abajo en el cuero para apagarlo.

2-Mientras se tocan tonos abiertos con la mano derecha, la mano izquierda debe levantarse sobre el cuero a fin de que el tono suene.

3-Para el propósito de estos ejercicios, ciertos sonidos ocurrirán siempre en un compás específico. Por ejemplo, el tono bajo y el movimiento de palma y dedos ocurrirán siempre en los compases 1 y 3. El golpe ocurrirá en el compás 2.

4-Aquí están los "ejercicios de desafío". Una vez que haya cubierto todos los patrones individualmente, toque todos los ejercicios en su totalidad pasando del uno a otro sin parar. (como se hace el CD).

5-Ejercicio Original

6-Tumbao "Estilo Antiguo"

7-Tumbao "Contemporáneo"

8-Añadiendo la Tumba

9-Ejercicio Original

10-Ejercicio Original

*Ejercicios de Desafío (vea instrucción número 4 en la página 39).

Patrones para Tambor de Conga

En esta sección comenzaremos a aprender patrones específicos usados hoy día en música latina, jazz y pop-rock contemporáneo. Usted debe de saber que en los años 40, el conguero en un grupo de baile cubano tradicional, usaba un sólo tambor. Así que el papel del músico era tocar un constante ritmo de tumbao con variaciones leves y un poco o nada de solos (improvisaciones)..

Los dos patrones de conga que usted encuentra aquí, aunque bastante comunes hoy, no fueron usados hasta que se añadió el segundo tambor a los instrumentos del músico a fines de la década de los 40 y a principio de los 50. Algunos de los músicos claves responsables por este cambio, fueron Armando Peraza, Carlos "Patato" Valdez, Tata Güines y Mongo Santamaría.

Patrones De Cuba

1-Tumbaó afrocubano para 2 congas en clave 2-3 (Como se toca en estilo Salsa en grabación)

2-Variación de Tumbaó 1 en son 2-3 o clave de Rumba.

3-Variación de Tumbaó 2 en son 2-3 o clave de Rumba.

4-Variación de Tumbaó 3 en son 2-3 o clave de Rumba.

5-Variación de Tumbaó 4 en son 2-3 o clave de Rumba.

6-Bolero en 3-2 Clave de Son.

7-Guajira en 2-3 Clave de Son.

8-Songo en 2-3 Clave de Rumba.

9-Variación de Songo en 2-3 Clave de Rumba.

10-Guaguancó en 2-3 Clave de Rumba.

Patrones de Puerto Rico

1-Plena en 2-3 Clave de Son.

2-Bomba Xica (tocada con la tumbadora) en 2-3 Clave de Son.

3-Jíbaro en 2-3 Clave de Son.

4-Salsa en 2-3 Clave de Son.

5-Bomba Holandes en 2-3 Clave de Son.

Patrones de Santo Domingo

1-Merengue básico en un tambor (tumba) sin palos.

2-Merengue con palos (tocado con la tumba).

3-Parte acompañante de la tumba o parte de la tambora tocada en la conga.

*Ejemplos 2 y 3 tocados en conjunto.

4-Parte contemporánea de dos congas para acompañamiento de la tambora.

5-Variación del Ejemplo 2 como se toca durante un solo de Sax u otro solo de corneta. *Tocado con un palo y la mano. "Os" = tono abierto con palo y "s" golpeo con la mano.

Pop, Rock y Funk

En esta sección, comenzaremos a aprender patrones que trabajarán en estos cuatro (4) tipos de arreglos. Debe saber que no hay nombres específicos para estos patrones. En el mundo de pop, rock, R&B, y en el mundo de funk, las congas tienen que ser adecuadas al estilo particular que se está tocando. Por ejemplo, un arreglo de conga en una canción o melodía de James Brown debe de ser adecuado al estilo de James Brown y a esa melodía en particular. Tal sería el caso con una canción de los Rolling Stones, Sting, Earth, Wind and Fire, Michael Jackson, Whitney Houston, Lenny Kravitz, Phil Collins, Madonna, Red Hot Chili Peppers, Backstreet Boys, Ricky Martin o Jennifer Lopez.

Lo que sucede es que las partes de la conga son creadas por el percusionista para que se ajuste a esa pieza musical en particular. Al mismo tiempo, ésta tiene que trabajar con el patrón del tambor y no chocar con el baterista.

La clave en este caso, no tiene que seguirse ya que los arreglos no están basados en la clave (aunque la clave puede colocarse en casi todo tipo de música). Lo que necesita seguirse es el tipo de sensación que está presente en el estilo particular, por ejemplo, hip-hop, disco, balada, rock, blues, y demás.

Al crear estos patrones tenga en mente lo siguiente:

1. Su patrón no debe ser idéntico a lo que el baterista está tocando (a menos que así se especifique).

2. Si el patrón que esta tocando contiene un contragolpe, no lo toque tan fuerte como el de los bateristas, a fin de evitar "flamming". La responsabilidad del baterista es establecer el contragolpe.

3. Piense en su patrón como el adorno de un pastel, y no como el latido del corazón de la música, como sería en música latina. (Los tambores son el corazón de estos estilos particulares.)

4. Usted querrá usar el quinto como su tambor principal, ya que este puede afinarse más alto y corta mejor si se toca en un ambiente de mucho ruido. (Sin embargo, esto no es necesario, todo depende de cuantos tambores está usando, que está tocando y con qué se siente mas comodo.)

He creado los siguientes patrones que van con los estilos particulares. Esto no significa que sean los únicos patrones que puede tocar. Esto es un punto de partida para ponerlo en este modo de pensar. Busque música que le guste y cree su propios patrones. Recuerde: deben encajar bien.

Pop, Rock, R&B, y Funk Patrones para Una Conga

Estos patrones funcionarán en una variedad de arreglos y tiempos. Practíquelos todos con el siguiente tiempo. ♩ = 80-140.

Baterías y Congas

En esta sección encontrará varios patrones para grupos de tambores, para música de varias canciones populares de varios artistas, y grupos que he seleccionado. Para éstos he creado dos de las posibles adaptaciones para conga que podrían ser usadas si estuviera tocando congas en un arreglo musical de estas piezas . Esto le ayudará a desarrollar sus propias versiónes y ritmos.

Golpee suavemente excepto donde se indique.

"FIELDS OF GOLD" Sting ♩= 104
   Patrón de batería
   Tocar a la par de la pista (CD Track)
   Parte de Conga
"LA VIDA LOCA: Ricky Martin ♩= 178
   Patrón de batería
   Tocar a la par de la pista (CD Track)
   Parte de Conga
"IF YOU HAD MY LOVE" Jennifer Lopez ♩= 90
   Patrón de batería
   Tocar a la par de la pista (CD Track)
   Parte de Conga
"SEX MACHINE" James Brown ♩= 112
   Patrón de batería
   Tocar a la par de la pista (CD Track)
   Parte de Conga
"DON'T CHAIN MY HEART" Toto ♩= 106
   Patrón de batería
   Tocar a la par de la pista (CD Track)
   Parte de Conga

"TWO HEARTS" Earth, Wind, and Fire ♩= 90
   Patrón de batería
   Tocar a la par de la pista (CD Track)
   Parte de Conga
"P-FUNK" Parliament ♩= 106
   Patrón de batería
   Tocar a la par de la pista (CD Track)
   Parte de Conga
"HOUSE" Richie García ♩= 124
   Patrón de batería
   Tocar a la par de la pista (CD Track)
   Parte de Conga
"SEVEN DAYS" Sting
   Patrón de batería
   Tocar a la par de la pista (CD Track)
   Parte de Conga
"HOME MADE: Richie García ♩= 168
   Patrón de batería
   Tocar a la par de la pista (CD Track)
   Parte de Conga

La Banda De Escuela Superior (secundaria)

Uno de los placeres favoritos que he tenido durante mis viajes de clínicas y seminarios ha sido enseñar en algunos de los campamentos de verano de escuelas superiores ó secundarias, como "Bands of America." Estos campamentos ofrecen a estudiantes de escuela superior de todas partes de la nación, la oportunidad de compartir con directores de diferentes escuelas, como también con artistas profesionales en un ambiente y enfocado.

Cuando ofrezco presentaciones en estos campamentos, los estudiantes me preguntan frecuentemente sobre técnicas y ritmos que toco en estilos particulares. Es impresionante ver qué bien informados están los estudiantes de hoy acerca de muchos estilos, y a cuántos les gusta la percusión latina. Existe ahora tanta información disponible para ellos, que hacen mi trabajo muy entretenido. Algunas veces sólo lo que les queda por hacer es irse al mundo del trabajo y experimentar todos los tipos de ejecución.

He decidido incluir en este libro, una sección de patrones que servirán para trabajar en un estilo particular. Estos patrones ayudarán a músicos a iniciarse en el estilo. Otros patrones pueden ser creados usando estos como base.

Sugiero que una vez que pueda tocar los patrones cómodamente, debe practicar con grabaciones de los varios estilos, para que pueda entender mejor como trabajan los patrones.

Los estilos presentados son aquellos hallados con más frecuencia en el repertorio de bandas de escuela superior. Primero, he presentado las partes básicas del grupo de tambores, y luego he añadido partes para congas que trabajarán en el estilo.

Recuerde que estos son patrones que produje para el estilo. Usted debe aprenderlos, pero luego desarrolle sus propias versiónes de estos patrones y use sus propios inventos también. Lo más importante es su "groove" y no interferir en el camino del tamborilero: su patrón debe de complementar la parte del tamborilero.

1. Jazz de Orquesta completa
"a la" Count Basie ♩= 130
   Patrón de batería
   Parte de Conga
2. Bebop Jazz tipo stacatto
(tiempo rápido) ♩= 240
   Patrón de batería
   Parte de Conga
3. Rock and Roll
(medio rápido) ♩= 140
   Patrón de batería
   Parte de Conga

4. Shuffle ♩= 136
   Patrón de batería
   Parte de Conga
5. Funk ♩= 120
   Patrón de batería
   Parte de Conga

Ejercicios de Independencia (de coordinación entre las dos manos)

Los siguientes ejercicios le introducirán a las congas en un arreglo de multi-percusión. En este arreglo, usted tocará partes de congas con una mano, mientras está tocando otros instrumentos de percussion con la otra mano.

Para trabajar con esta sección, añada un "shaker", un pandero, y un cencerro montado. Practique tocar el patrón 1 hasta que pueda tocarlo comfortablemente. Si usted es derecho, usted tocará el patrón con la mano izquierda. Si usted es izquierdo, toque el patrón con la mano derecha.

1-Continúe tocando el patrón 1 con una mano y toque el siguiente patrón con su otra mano en su cencerro montado.

1A-Ahora, haga la misma cosa, pero en vez del cencerro, toque el siguiente patrón con su shaker.

1B-Finalmente, toque el siguiente patrón con el pandero. Toque el contra tiempo en su pierna o pecho. (No muy fuerte, OK!)

Mis Tres Hijos (Para acompañar)

En esta lección encontrará una de las pistas de mi nuevo CD, Mis Tres Hijos (My Three Sons). Toco en la primera version, seguida por una para que usted toque con la pista. Por favor, note que uso cuatro (4) congas en la grabación. Para el texto, he provisto con dos partes para tambor.

Con congas

Sin congas

Introducción de la canción

Sección "A" y solo de piano

Cuando entren los cencerros

Reconocimientos Adicionales

Guillermo Guzmán: Tambores – programación

Russ Miller: Tambores – mezcla

Orquesta que acompaña a Richie en el CD de Richie.

Richie Gajate García: Congas y percussion

Justo Almario: Saxofón, flauta

Mike Daego: Trombón

John Fumo: Trompeta

Guillermo Guzmán: Bajo

Rique Pantoja: Piano

Referencias

Mucha de la información en este libro proviene de datos que he acumulado, estudiado y enseñado a través de los años. Algunas cosas son creaciones originales adecuados a los ejercicios particulares y para servir mejor a los estudiantes.

Ed Uribe - *La Esencia de la Percusión y Batería Afro-Cubana*

Giovanni Hidalgo – *En la Tradición* y videos de los *Virtuosos de la Conga*.

Timba Funk – *Talking Drums* (Congas Que Hablan) –

Disponibles de Richie:

Mis tres Hijos CD
Disponible a través de www.artistforum.com/RichieGajateGarcía

Aventura en Videos de Ritmo
Volumenes 1 & 2 LP disponible en su tiendade música local.

MIDI y archivos de audio
Disponibles en su tienda de música local o en www.beatboy.com

Palos de Timbales Gajate y Gajate Bracket Beater/Vater
Disponibles en su tienda de música local.

The Salsero Ride. El Rayo. La Cáscara/Sabian
Disponibles en su tienda de música local.